CHRISTOPHER WEIDNER

Mystische Orte in Oberbayern

W0233129

CHRISTOPHER WEIDNER

Mystische Orte in Oberbayern

Die schönsten Wanderungen und Spaziergänge

Mit 68 Abbildungen und Übersichtskarten

terra magica

Die in diesem Buch enthaltenen Informationen wurden nach bestem Wissen erstellt und mit größtmöglicher Sorgfalt vom Autor und dem Verlag überprüft. Dennoch sind, wie wir im Sinne des Produkthaftungsrechtes betonen müssen, inhaltliche Fehler nicht mit letzter Gewissheit auszuschließen. Daher erfolgen die Angaben ohne jegliche Verpflichtung oder Garantie des Autors und des Verlags, die keinerlei Haftung im Falle von Unstimmigkeiten übernehmen.

© 2013 by F. A. Herbig Verlagsbuchhandlung GmbH, München
Alle Rechte vorbehalten.
Umschlag: Wolfgang Heinzel
Fotos: Christopher Weidner
Karten: Die Routenbeschreibungen basieren auf Kartendaten
von OpenStreetMap – veröffentlicht unter CC-BY-SA-2.0;
© OpenStreetMap contributers
Gesetzt aus: 9/12,5 pt. Frutiger LT Pro light
Satz und Layout: Grafikdesign Storch, Ulrike Vohla, Rosenheim
Druck und Binden: Finidr s.r.o.
Printed in the EU
ISBN 978-3-7243-1048-8

Terra magica ist seit 1948 eine international geschützte Handelsmarke
des Belser Reich Verlags AG.

Auch als **ebook**

Besuchen Sie uns im Internet unter www.terramagica.de

Inhalt

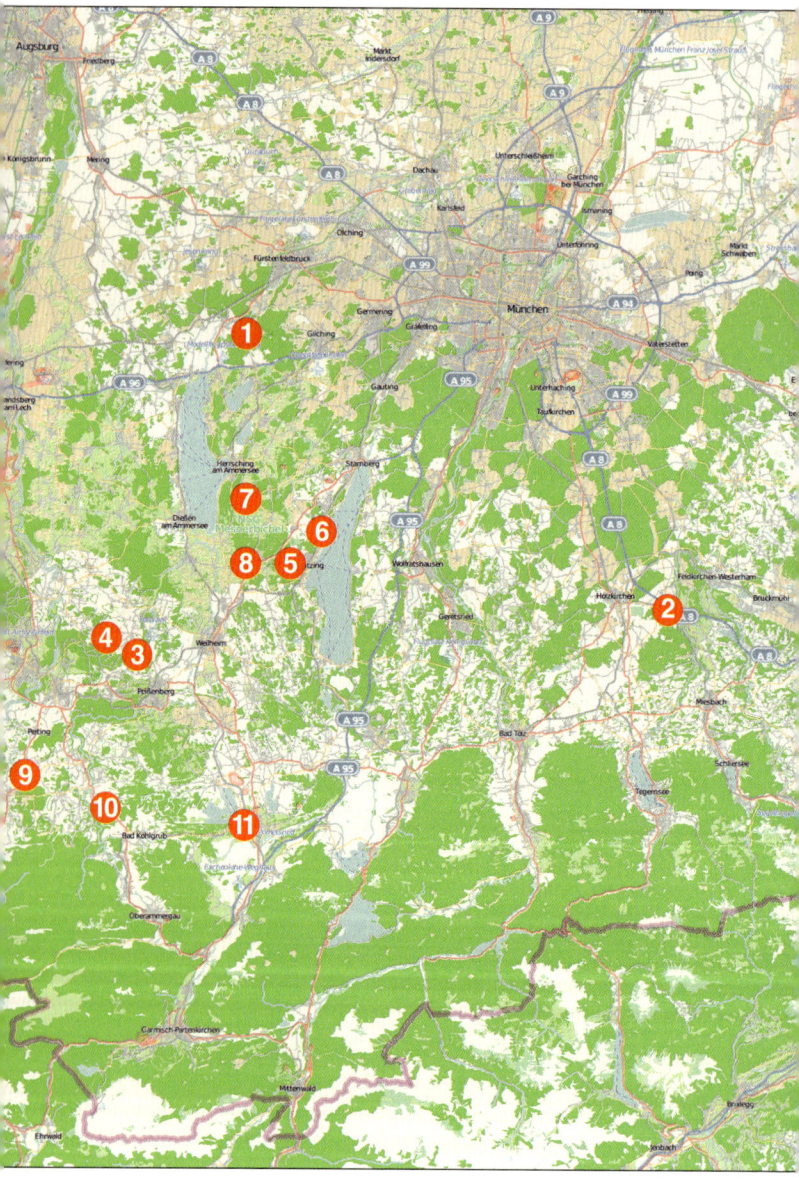

MYSTISCHE ORTE IN OBERBAYERN

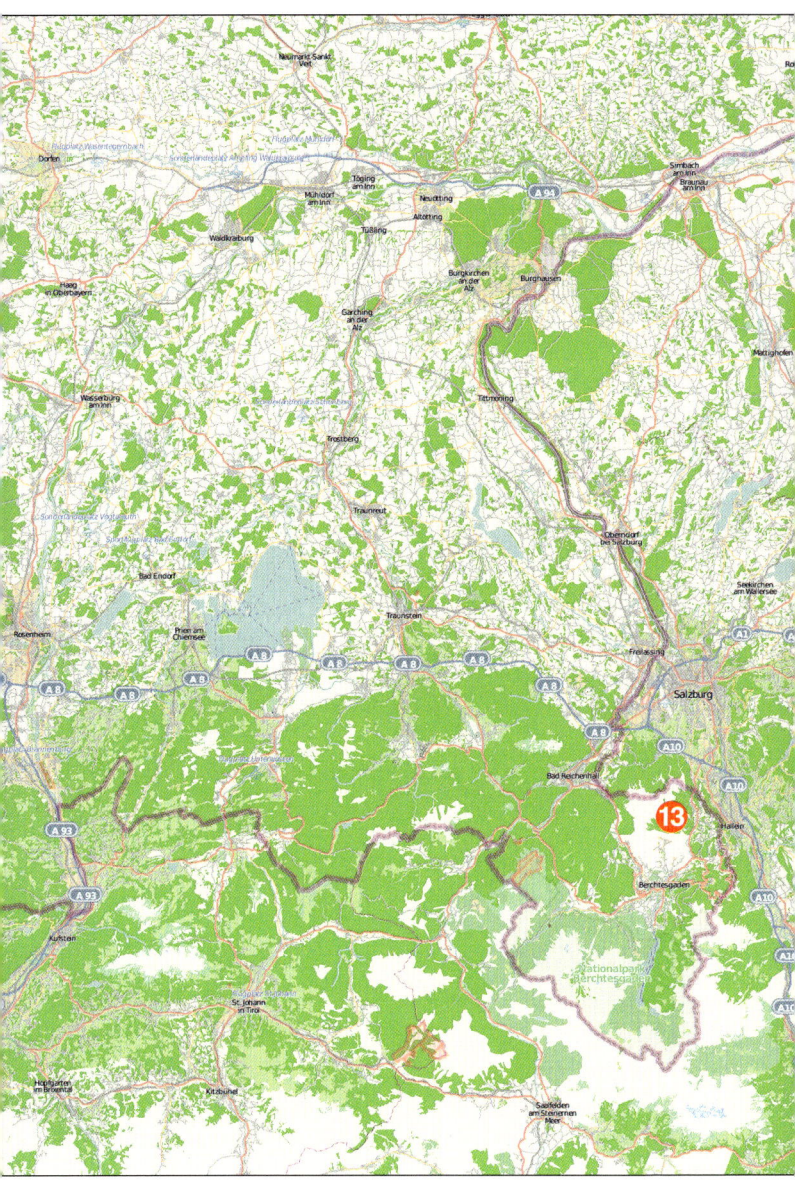

Die Begegnung mit mystischen Orten

Immer mehr Menschen begeben sich auf die Suche nach Plätzen und Stätten, auf die in der Überlieferung als Orte der Kraft Bezug genommen wird. Doch was hoffen die Menschen dort zu finden? Nicht wenige erwarten von diesen Plätzen so etwas wie eine Heilung, sei es körperlicher oder seelischer Art. Das Versprechen dieser Orte ist, eine nie versiegende Quelle der Kraft zu sein, die dem modernen Menschen hilft, ein Gleichgewicht zwischen rasendem Fortschritt auf der einen Seite und der Sehnsucht nach Einklang mit der Welt auf der anderen Seite zu finden. Kraftorte, so eine weitverbreitete Ansicht, sind wie Tankstellen, an deren Zapfhahn wir uns nur hängen müssen, um wieder heil zu werden.

Lange Zeit habe ich das auch geglaubt. Ich bin davon ausgegangen, dass solche Orte eine tatsächliche Kraft besitzen, dass diese nicht nur fühlbar, sondern auch messbar sei. Da ist die Rede von links- und rechtsdrehender Energie, geomantischen Erdnetzlinien, Drachenpfaden, unterirdischen Verwerfungen, Magnetfeldern und so weiter. In der Tat: Was manche Menschen an diesen Orten erleben, ist schon erstaunlich.

Ich bin letztlich einen anderen Weg gegangen. Nicht das spektakuläre Erlebnis war mein Ziel, sondern die Frage, was einen solchen Ort wirklich so besonders macht. Über die Jahre habe ich mich von der Vorstellung verabschiedet, das, was Menschen an diesen Plätzen erleben, sei auf Energien zurückzuführen, die dort von Natur aus walten.

Meine Erfahrung war eine grundsätzlich andere: Solche Orte wirken nicht einfach auf ihren Besucher ein, sondern treten in eine Wechselbeziehung mit ihm. Es entsteht eine echte Kommunikation zwischen Mensch und Ort. Damit das funktioniert, müssen beide die gleiche Sprache sprechen. Orte, an denen dies leicht und schon über Generationen hinweg gelingt, nenne ich »mystische Orte«.

Das Geheimnis mystischer Orte

Mystische Orte – das sind Orte, an denen wir etwas wahrnehmen können, das über unsere alltägliche Sinneswahrnehmung hinausgeht. Es sind Orte, die uns ahnen lassen, dass sich hinter der Fassade ihrer äußeren Erscheinung etwas verbirgt, ein Geheimnis. Dieses Geheimnis schlägt uns in seinen Bann, berührt unser Herz, öffnet unsere Sinne für eine Wirklichkeit hinter der Wirklichkeit.
Mystisch – das Wort geht auf das griechische »myo«, »schließen«, zurück. Wir schließen die Augen der Vernunft und sehen mit den Augen der Intuition und der Fantasie. Dabei haftet unser Blick nicht weiter am Äußeren, sondern wir horchen in unser Inneres. Was unsere Sinne von den Dingen »da draußen« aufnehmen, ist nicht mehr nur eine Beobachtung, sondern wird zur inneren Erfahrung. Wir betrachten nicht nur, wir schauen (und im Schauen verbinden wir uns mit den Dingen) auf eine andere Weise. Wir beginnen mit dem zu klingen, was wir sehen, fühlen, schmecken, riechen. Wir geraten in tiefe Berührung mit dem, was sich uns nun von seiner unsichtbaren Seite her offenbart.
Die mystische Dimension eines Ortes zeigt sich, aber sie kann nicht ausgesprochen werden. Jedes Wort, das wir über sie verlieren, führt uns in die Irre, denn sie liegt jenseits der Grenze des Denkens und der Sprache. Sie ist übersinnlich, transzendent und nur lebendig durch die eigene Erfahrung, in dem, was sie in uns auslöst.

Mystische Orte sind Kraftorte

Mystische Orte sind Orte der Kraft. Aber was ist ein Kraftort eigentlich? Oft ist zu lesen und zu hören, dass Kraftorte über besondere Energien verfügen, weil sich dort bestimmte Energielinien treffen. Doch wovon sprechen wir, wenn wir von »Energie« reden? Physikalisch gesehen ist mit Energie etwas Messbares gemeint, etwas, das mit Geräten abgebildet und in Zahlen dargestellt werden kann. Wer von Energien spricht, die an einem Ort walten sollen, der drückt damit aus, dass er das, was er dort spürt, auch messen kann; und dass es objektiv zu messen ist. Das bedeutet aber: Jeder müsste das Gleiche an einem solchen Ort spüren können. Schnell wird dann derjenige, der von dem Wirken bestimmter Energien an einem Ort spricht, zu einem Verkünder von Wahrheiten. Wer dann an einem solchen Ort nichts wahrnimmt oder etwas anderes, muss folgerichtig falsch liegen.

Aus diesem Grund spreche ich nicht von Energie, sondern lieber von Kraft. Wir können uns kraftvoll fühlen an einem bestimmten Ort. Aber diese Kraft wird sich bei jedem Menschen ganz individuell zeigen. Jeder kennt sich selbst am besten und weiß, woran er merkt, dass er Kraft besitzt. Der Körper ist der erste Resonanzboden für einen Ort der Kraft. Wie kraftvoll unser Körper auf einen Ort reagiert, ist der Maßstab dafür, ob es sich um einen Kraftort für uns handelt. Niemand kann uns vorschreiben, was wir an einem Ort zu spüren haben und was nicht. Niemand kann sagen, dass wir die Kraft in diesem oder jenem Maße spüren müssen. Es kann sein, dass sich an einem Ort sehr kraftvolle Reaktionen einstellen, an einem anderen Ort nicht. Ich habe oft erlebt, dass ich an einem Tag deutlich in Resonanz mit einem Ort gehen konnte, an einem anderen Tag nicht oder nur wenig. Doch diese rein subjektive Empfindung sagt nichts darüber aus, wie kraftvoll der Ort selbst ist. Sie sagt nur über uns selbst etwas aus und unser Verhältnis zu diesem Ort. Für einen anderen mag es völlig anders sein. Wir wissen nicht, ob der Ort selbst wirklich eine Kraft besitzt. Wir wissen nur, dass wir etwas spüren, wenn wir mit ihm in Berührung kommen. Es ist für einen mystischen Ort als Kraftort auch unerheblich, ob wir objektiv sagen können: »Dieser Ort besitzt eine bestimmte Kraft!«, denn das, was wir aus der Begegnung mit einem Ort für unser Leben schließen, wird ohnehin eine individuelle Antwort sein. Sie gilt nur für uns. Das Mystische ist nicht objektiv – es ist subjektiv.

Ist dann jeder Ort, an dem ich mich ganz subjektiv wohl- und gestärkt fühle, auch ein mystischer Ort, zum Beispiel mein Garten oder mein Wohnzimmer? Vielleicht ein Kraftort, aber kein mystischer Ort.

Der große Unterschied zwischen meinem Wohnzimmer als persönlichem Kraftort und einem mystischen Ort besteht darin, dass ein mystischer Ort keine individuelle Idee verkörpert, sondern eine transpersonale. Damit meine ich eine Idee, die über meine Persönlichkeit hinausgeht. Wir könnten auch sagen: eine kulturelle, kollektive Bedeutung; jedenfalls eine, die große Gruppen von Menschen einschließt, ganze Landstriche zum Beispiel, aber auch ganze Bevölkerungsgruppen.

Ein mystischer Ort ist immer auch ein Ort von transpersonaler Bedeutung. Er wurde nicht für mich allein geschaffen, sondern er gehört vielen Menschen. Auch können mystische Orte nicht von uns allein geschaffen werden. Sie kommen auch nicht zu uns – wir müssen sie aufsuchen. Man könnte auch sagen: Schon der Weg zu ihnen ist Teil des mystischen Ortes.

Der mystische Ort reicht weit über meine Persönlichkeit hinaus, weil er angebunden ist an Überlieferungen, die Generationen vor meinem eigenen Leben ihren Ursprung haben und oft so weit in die Vergangenheit zurückreichen, dass sie wie ein Echo längst vergangener Tage klingen, rätselhaft und geheimnisvoll.

Aber ich gehe als Mensch des Hier und Jetzt an diesen Ort und verbinde mich mit ihm, mit meinen persönlichen Sorgen und Anliegen. In der persönlichen Begegnung mit dem Überpersönlichen eines mystischen Ortes erlebe ich mein Dasein als Teil eines größeren Ganzen. Ich erlebe mich in Zusammenhänge gestellt, die weit über meinen Alltag hinausgehen. Das Erlebnis jedes Einzelnen mag individuell sein, doch die Begegnung mit dem mystischen Ort gibt uns die Gelegenheit, in Bildern zu denken, zu fühlen und zu spüren, die größer sind als ich. Diese Erfahrung kann meiner Seele wichtige Impulse für meine weitere Entwicklung geben.

Die Rolle von Märchen, Mythen und Sagen

Mystische Orte sind transpersonal, weil sie immer auch mit den Mythen zu tun haben, mit denen wir alle unserer kulturellen Herkunft nach verwoben sind.

Ein typisches Kennzeichen eines mystischen Ortes sind die Erzählungen, die sich um ihn ranken. Oft wird von Begegnungen mit Göttern erzählt oder von Naturgeistern und Dämonen. Volkssagen und Legenden umranken den Ort und bilden oft genug Erklärungsversuche ab für das, was Menschen an diesem Ort erlebten. Der Mythos ist das sprachliche Gewand des Mystischen, über die Sagen und Legenden sprechen die Orte zu uns und können sich uns auf eine andere Weise mitteilen. Während das Erleben einmalig und sehr persönlich ist, erreicht uns der Mythos eines Ortes aus der fernen Vergangenheit und erinnert uns daran, dass schon viele Menschen zuvor diesen Platz aufgesucht haben, um etwas an ihm zu erfahren. Wenn wir uns also mit dem Mythos beschäftigen, dann schaffen wir genau jene Verbindung zum Überpersönlichen, die einen mystischen Ort kennzeichnet. Gut, dass die Sprache von Sagen und Legenden meist nicht eindeutig ist und eine Vielzahl von Fantasien in uns auslösen kann. In jedem von uns erklingt ein anderes Märchen, wenn wir die eine Geschichte hören, die uns über einen mystischen Ort berichtet wird.

Die innere und die äußere Landschaft

Ein mystischer Ort zeichnet sich aus durch zwei Besonderheiten. Zum einen durch seine äußere Landschaft. Damit sind die physischen Eigenschaften und besonderen Merkmale eines Ortes gemeint. Es ist immer wieder zu beobachten, dass nur besonders auffällige Gegebenheiten der Umwelt zu mystischen Orten wurden. Ein solcher Ort muss sich im Vergleich von seiner Umwelt deutlich unterscheiden – sei es in Form, Farbe oder Position. Das bezieht sich auch auf Orte, die vom Menschen selbst geschaffen wurden, wie zum Beispiel Stonehenge, die Pyramiden oder die Roseninsel, auch wenn in der Regel dort vorher schon besondere landschaftliche Merkmale bestanden, die dann in das Gesamtkonzept integriert wurden. Zum anderen ist ein mystischer Ort durch seine innere Landschaft gekennzeichnet. Darunter verstehe ich die innere Haltung eines Menschen, seine Wertvorstellungen,

Ideen und Gefühle, mit denen er sich auf den Ort einlässt. Es ist der Blickwinkel, mit dem er sich einem Ort nähert, die Absicht, die ihn dorthin führt, und die Art der Fragestellung, die ihn gerade bewegt, und natürlich sein kultureller Hintergrund. Erst wenn beides zusammentrifft, kann ein mystischer Ort entstehen.

Der mystische Ort existiert in Wirklichkeit in mir. Jede äußere Landschaft spiegelt sich in meiner inneren Landschaft. Das bedeutet aber auch, dass das, was wir im Außen zu erkennen glauben, erst in unserem Inneren zur Wirklichkeit wird. Sind die Wesen, die unsere Vorfahren an solchen Plätzen wahrgenommen haben, die Feen, Hexen und Götter, nur Hirngespinste? Diese Frage lässt sich nicht leicht beantworten, wenn wir davon ausgehen, dass das, was wir wahrnehmen, erst in unserem Inneren wirklich wird. Ich kann nur vermuten, dass derjenige, dessen innere Landschaft keine Wesenheiten dieser Art kennt, auch keine wahrnehmen wird. Doch an einem mystischen Ort spielt es keine Rolle, ob das, was wir wahrnehmen, real ist oder nicht. Wenn es wahrgenommen wird, dann existiert es. Diese Haltung ist vielleicht nicht überall im Alltag angebracht, aber in Bezug auf mystische Orte ist sie vorteilhaft, wenn man nicht nur aus rein wissenschaftlichen Motiven, zum Beispiel als Archäologe, eine alte Kultstätte aufsucht.

Eine Reise in die Anderswelt

Diese Haltung kann man trainieren, vor allen Dingen dadurch, dass man regelmäßig mystische Orte aufsucht. Es ist weniger eine Frage der korrekten Meditationstechnik als der Aufmerksamkeit, mit der man sich einem Ort nähert. Es beginnt schon bei der Wahrnehmung der Landschaft, in die ein mystischer Ort eingebettet ist. Kein Foto der Welt kann diese ersetzen, denn Abbildungen zeigen immer nur einen Ausschnitt des Ganzen. Mystische Orte wollen erlebt werden, damit sie wirken können. Wir sollten außerdem verschiedene Wege ausprobieren, uns einem solchen Ort zu nähern: Welche Unterschiede in der Perspektive gibt es, wenn wir uns einmal von Westen, dann von Osten nähern? Wie verändert sich die Wahrnehmung des Ortes, wenn wir ihn umrunden? Und wie, wenn man die Stätte wieder verlässt? Einen mystischen Ort aufzusuchen ist ein aktiver Vorgang. Indem wir ihm unsere Aufmerksamkeit schenken, gewährt er uns Antworten auf unsere Fragen.

Die Intensität der Aufmerksamkeit, die wir an den Tag legen, wenn wir uns mit einem solchen Ort beschäftigen, ist maßgeblich dafür verantwortlich, was wir dort erleben. Wenn wir unsere Aufmerksamkeit so weit bündeln, dass wir in einen tranceähnlichen Zustand geraten (und die meisten Kultorte sind so angelegt, dass sie uns dies leicht machen), dann können mystische Orte zu Übergängen in eine andere Welt werden. Wir überschreiten dann die Grenze in ein Reich, das viele Kulturen kennen und von den Kelten »Anderswelt« genannt wurde.

Mystische Orte in Oberbayern

Die Orte, die ich Ihnen in diesem Buch vorstelle, stammen alle aus meiner Heimat Oberbayern und weil ich in München geboren bin und lebe, haben sie in dieser Region einen deutlichen Schwerpunkt. Vielleicht entsteht so der Eindruck, dass diese Gegend besonders reich an Kraftorten sei. Dem ist nicht so. Die Auswahl ist eine durchaus persönliche und überhaupt nicht vollständig. Dieser Anspruch soll nicht einmal ansatzweise erhoben werden. Ich habe mich auf die Orte konzentriert, von denen ich glaube, dass sie uns einen besonders leichten Zugang zu der Thematik ermöglichen. Auch spielte die Erreichbarkeit eine Rolle und natürlich die Begrenzung der Seitenzahl.

Und nun wünsche ich Ihnen viele spannende Augenblicke auf den hier beschriebenen Touren durch eine der schönsten Gegenden Deutschlands.

Christopher Weidner

Opferstein und Totenkult

1

Auf dieser Wanderung zwischen Grafrath und Schöngeising geht es an vielen Plätzen nicht mit rechten Dingen zu. Wir begegnen einem legendären Riesen, dessen Grabstätte Wunderwirkung nachgesagt wird, machen Spuren eigenartiger Totenbräuche ausfindig und spüren Kraftlinien an geheimnisvollen Opferstätten mitten im Wald nach. Dann begeben wir uns auf die Suche nach einem sagenhaften Schatz in einer verschollenen Burg, der von verwunschenen Fräulein behütet wird … Wundervolles und Schauriges liegen hier nahe beieinander – und das alles in einer herrlichen Landschaft an den steilen Ufern der Amperschlucht.

LÄNGE: ca. 10 Kilometer
DAUER: 3 Stunden (reine Gehzeit)
SCHWIERIGKEIT: leicht

WEGBESCHREIBUNG

Wir beginnen unsere Wanderung am S-Bahnhof Grafrath. Der Bahnhofweg führt unter den Gleisen hindurch ein Stück durch den Wald zur Bahnhofstraße. Diese gehen wir einige Meter entlang, bis rechts die Graf-Rasso-Straße abzweigt, in die wir einbiegen. Nun führt uns der Weg erst zwischen Häusern, dann neben einer großen Wiese den Abhang hinunter auf die Straße nach Kottgeisering. Wir wenden uns nach links und erreichen nach wenigen Schritten ein Verkehrsrondell. Mitten auf der Verkehrsinsel sehen wir einen Ritter hoch zu Ross mit gezücktem Schwert gen Osten reiten. Es ist Graf Rasso (auch Rath genannt) aus dem Geschlecht der Andechs-Dießener. Er ist es, der diesem Ort seinen Namen gab: Grafrath.

Wir biegen rechts ab und überqueren am Rande der B 471 die Amper. Nach wenigen Metern taucht auf der rechten Seite unser erstes Ziel auf: die Wallfahrtskirche St. Rasso.

Wer war dieser Recke, dem wir auf der Verkehrsinsel begegnet sind und der heute als heiliger Rasso verehrt wird, obwohl er weder selig noch heilig gesprochen wurde? Rasso war, so will es der Stammbaum der Andechs-Dießener, der Ahnherr des Grafengeschlechts, doch dies kann genauso gut in den Bereich der Sage gehören, denn von Rasso ist weder das genaue Geburtsjahr noch der Geburtsort bekannt. Möglicherweise ist er irgendwo in Frankreich zur Welt gekommen. Im 10. Jahrhundert kämpfte er erfolgreich an der Seite des Bayernherzogs Heinrich in der legendären Schlacht auf dem Lechfeld gegen die aus dem Osten einfallenden Stämme der Ungarn. Nach dem Sieg hängte er sein Schwert an den Nagel und begab sich auf Pilgerfahrt ins Heilige Land. Von dort brachte er wertvolle Reliquien mit, die den Grundstock für den berühmten Heiltumsschatz von Andechs bildeten. Er gründete ein Benediktinerkloster auf der einstigen Insel Wörth in der Amper, wo heute die Wallfahrtskirche steht, in das er als Laienbruder schließlich selbst eintrat.

In der Kirche befindet sich Rassos Grab, das schon bald nach seinem Tod zu einem bedeutenden Wallfahrtsort avancierte. Das Grab befindet sich unter einer Steinplatte im Zentrum der Kirche und besitzt die erstaunlichen Maße von über zweieinhalb Metern auf etwas mehr als einen Meter. Aus diesem Grab wurden im 15. Jahrhundert die Gebeine des Stifters als heilige Reliquien entnommen und dann im 17. Jahrhundert auf den Hochaltar gehoben, wo sie noch heute im Glasschrein zu sehen sind, mit kostbaren Stoffen und Edelsteinen eingefasst. Aufgrund der Größe der Grabplatte schloss man, dass Rasso ein Hüne von zweieinhalb Metern gewesen sei. Ganz so groß war er zwar nicht, doch Untersuchungen an Knochen und Schädel haben ergeben, dass er mit fast zwei Metern die Köpfe seiner Zeitgenossen weit überragte – Rasso war tatsächlich für seine Mitmenschen so etwas wie ein Riese.

Während Unklarheit darüber herrscht, welche Taten dem Grafen zu Lebzeiten die Berechtigung verliehen, selig oder gar heilig genannt zu werden, gibt es zahlreiche Berichte über die Wunderwirkung seines Grabes, insbesondere wurden Heilungen von Krankheiten aller Art beobachtet. Auffallend häufig wird von Genesung bei Unterleibsbeschwerden berichtet, also bei Leistenbruch, Erkrankungen der Geschlechtsteile, bei Frauenleiden und Geburtsschwierigkeiten. Allerdings konnte keine direkte Verbindung zwischen Rasso und solchen Heilwirkungen hergestellt werden. Daher vermuten einige, dass die Heilkräfte nicht vom Heiligen selbst ausgehen, sondern von dem Ort, an dem die Kirche sich befindet. Es ist gut vorstellbar, dass sich schon vor der Errichtung der Kirche auf der Insel eine Heilstätte am Rande des Ampermoores befand. Nicht wenige sagen, dass an dieser Stelle das Amperwasser eine besondere Kraft besitze, vielleicht eine Erinnerung an viel ältere vorchristliche Kulte, die hier gepflegt wurden.

Tatsächlich scheint vor allem der Ort, an dem die Grabplatte sich befindet, eine besondere Magie zu besitzen. Im Mittelalter wurden hier Opfergaben dargebracht wie zu heidnischen Zeiten: Man schlachtete Hühner, Pferde und Rinder und brachte Getreide und Wachs dar.

 Wir verlassen die Kirche wieder und überqueren die Bundesstraße, um zur Klosterstraße zu gelangen. Dieser folgen wir, bis bald darauf links die Adalmuntstraße abzweigt. Auf dieser geht es weiter bis zur Einmündung der Kirchstraße, der wir bis zu ihrem Ende folgen. Von dort führt ein befestigter Feldweg weiter. Nach wenigen Schritten bemerken wir rechts von uns eine an einigen Seiten jäh abfallende Senke, das »Tiefe Tal«.

Bei dieser merkwürdigen Vertiefung handelt sich um ein Toteisloch. Es entstand am Ende der letzten Eiszeit, als ein Teil des Ammerseegletschers vom abfließenden Hauptgletscher getrennt und mit Geröll überdeckt wurde. So hielt sich das »tote« Eis noch lange Zeit. Als es später ebenfalls schmolz und das Wasser im Boden versickerte, blieb in der Landschaft die große, kesselförmige Vertiefung. Wer einen Abstieg in diesen Kessel unternimmt, wird eine deutliche Veränderung der Atmosphäre bemerken. Der Kessel nimmt in nördlicher Richtung einen Verlauf wie eine breite Straße und mündet in eine einem Amphitheater ähnliche Form. Die Akustik hier ist ungewöhnlich!

 Weiter geht es auf dem Feldweg, bis wir an einem Gebäude den Höhenweg erreichen. Unser Weg verlängert sich über den Höhenweg hinaus zwischen zwei Feldern und führt schließlich zwischen den Plätzen einer Sportanlage auf die Mauerner Straße. Bevor wir rechts in diese einbiegen, lohnt es sich, einen Abstecher auf die andere Straßenseite zu machen, wo genau gegenüber ein Feldweg in eine große Wiese hineinführt. Dieser Weg verliert sich in der Mitte der Felder jedoch, sodass wir ohne Markierung am Rande der Felder auf den links vor uns liegenden Waldrand zusteuern müssen. Wenn wir uns am Waldrand entlangbewegen, treffen wir bald auf ein kleines Häuschen.

In unmittelbarer Nachbarschaft können wir aufgestellte Bretter am Waldrand entdecken, die mit Totenköpfen bemalt und mit morbiden Sprüchen beschriftet sind. Es handelt sich um Totenbretter, die einem alten Brauch folgend zum Gedenken an die Toten aufgestellt wurden. Diese Sitte geht auf eine Zeit vor der Bestattung in Särgen ab dem 18. Jahrhundert zurück, als die Verstorbenen in der Wohnstube auf Brettern aufgebahrt wurden, auf denen sie schließlich auch zu Grabe getragen wurden. Anschließend versah man die Bretter mit Widmungen und Gedanken an den Toten oder über den Tod selbst. Später entwickelte sich im Volksglauben die Vorstellung, dass die Verstorbenen so lange im Fegefeuer ausharren müssten, bis ihr Totenbrett verfallen sei.

 Wir können nun auf einem schwach ausgeprägten Trampelpfad in den Wald eintreten. Dieser führt uns nach wenigen Metern auf den Hauptweg, auf den wir nach links abbiegen. Wenn die Witterung dies nicht zulässt, kehren wir um und laufen nun ein kleines Stück entlang der Mauerner Straße, bis sich links ein Waldweg zeigt. In diesen schwenken wir ein. Noch bei der Mauerner Straße, gleich am Anfang dieses Weges, sind rechter Hand im Wald teils recht große Hügelgräber zu erkennen. Es handelt sich um ein ganzes Feld aus über 250 Grabhügeln, die aus unterschiedlichen Zeitperioden stammen, von der Bronzezeit bis zur Keltenzeit – eine Nekropole also, die viele Hundert Jahre kontinuierlich genutzt wurde!

Der Weg führt in einer weiten Runde um die Wiese mit den Totenbrettern herum. Schließlich gelangen wir auf eine Wiese, die bis ans Ufer der Amper reicht. Ein wunderschöner Platz für eine kurze Rast!

Die Amper bildet zusammen mit der Ammer ein zusammenhängendes Flusssystem, nur heißt dieser Fluss von der Quelle bis zum Ammersee Ammer und vom Ammersee bis zur Mündung in die Isar bei Moosburg Amper. Amper ist jedoch der ältere Name und geht wohl auf das alte keltische Wort »ambra« zurück, das ganz allgemein so viel wie »fließendes Wasser« bedeutet haben wird. Die Amperschlucht, auf deren Höhen wir nun wandern, zählt zu den schönsten Abschnitten des Flusses.

Nun geht es weiter Richtung Osten auf einem Weg in den Wald. Wir halten uns bei einer Abzweigung rechts. Nach etwa 400 Metern heißt es aufgepasst: Es geht nun nach rechts auf ausgetretenen Pfaden in den relativ lichten Wald hinein. Nach wenigen Schritten stehen wir vor einer Senke im Bo-

den, in deren Mitte sich ein großer, merkwürdig geformter Felsen befindet. Spuren kultischer Verehrung lassen vermuten: Dies muss ein ganz besonderer Platz sein!

Wir stehen vor dem sogenannten »Opferstein«. Er ist wie in zwei Hälften geteilt und über und über mit seltsamen Rinnen und Linien überzogen. Geologisch betrachtet, handelt es sich wahrscheinlich um einen Findling aus Kalkstein, der auf dem Gletscher bis hierher »geschwommen« ist. Als der Gletscher sich zurückzog, blieb er genau an dieser Stelle liegen. Solche auffälligen Gebilde mögen die Menschen dazu bewegt haben, hier Rituale für die Wesen der Natur oder ihre Götter abzuhalten. Seinen Namen bekam er wohl vor allen Dingen wegen der Rinnen und näpfchenartigen Vertiefungen, die an einen Opferaltar erinnern. Doch wer weiß schon, was hier Geschichte und was Fantasie ist. Entscheidend ist, dass dieser Platz noch heute von vielen Menschen aufgesucht und als Ort der Kraft erfahren wird. Einige Stellen dieses Steins scheinen ganz besonders starke Wirkung zu entfalten, hier ist jeder eingeladen, eigene Beobachtungen anzustellen. Es heißt, dass sich hier geomantische Kraftlinien treffen, die von dem Stein wie von einer riesigen Linse gebündelt und positiv verstärkt werden. Besucher des Ortes, die hier übernachteten, haben berichtet, dass man diese Kraftlinien als bunte Streifen leuchten sehen kann …

 Wir gehen auf dem Weg weiter und nach nur 30 Metern taucht linker Hand eine Informationstafel auf, die uns den Standort unserer nächsten Station verrät: der sagenumwobenen Sunderburg …

Auf einem steil abfallenden Geländesporn hoch über der Amper finden sich die Reste einer einst stattlichen Befestigung, die von den Einheimischen Sunderburg oder auch Sonnenburg genannt wird. Nur noch die Wälle zeugen von der Vergangenheit dieses Platzes, der archäologischen Untersuchungen zufolge noch weiter in die Vergangenheit zurückreicht als die mittelalterliche Burganlage. Schon in der Bronzezeit muss sich hier eine Höhensiedlung befunden haben und auch die Kelten nutzten diesen Platz als Befestigung. Doch was ist aus der Burg geworden? Von ihrem jähen Ende erzählt diese Sage:
Einst gehörte diese Burg dem Bruder des Grafen Rasso, der sich eines Tages auf Pilgerfahrt ins Heilige Land begab und seine beiden Töchter zurückließ, in dem Glauben, dass sie auf der Festung in Sicherheit wären. In der Zeit seiner Abwesenheit jedoch überfielen die Ungarn die Lande und bald war die Burg von allen Seiten umzingelt – ein Entkommen war unmöglich. Da packte die ältere Tochter alle Schätze zusammen und warf sie in einen tiefen Brunnen auf dem Burggelände. Und weil sie fürchtete, von den Barbaren getötet zu werden, stürzte sie sich gleich mit hinunter. Als die jüngere Tochter davon erfuhr, zerriss es ihr aus Verzweiflung fast das Herz. In ihrem ohnmächtigen Kummer stürzte sie sich ihrer geliebten Schwester hinterher. Nur wenige Augenblicke später stürmten die Feinde die Burg. Doch sie fanden weder die

schönen Mädchen noch die Schätze vor. In ihrer Wut zerstörten sie alles, was sie fanden, ermordeten jeden, dessen sie habhaft werden konnten, und hinterließen nur noch Schutt und Asche. Als der Graf von seiner Reise zurückkehrte und vor den Trümmern seines Anwesens stand, verlor er jeden Lebensmut. Es heißt, dass er diesen Platz nie wieder aufsuchte und sich in das Stammschloss seines Geschlechts in Dießen zurückzog, wo er bald an gebrochenem Herzen starb. Seit dieser Zeit aber geht es an diesem Ort nicht mit rechten Dingen zu. Die Geister der Ermordeten gehen dort um und in kalten Novembernächten kann man sogar die klagenden Stimmen der beiden unglücklichen Grafentöchter hören. Doch ungeachtet dessen lockte der sagenhafte Schatz viele Abenteurer an diesen Ort. Bislang ist es jedoch niemandem gelungen, ihn zu heben, denn niemand weiß genau, wo der tiefe Brunnen sich befunden hat, an dessen Grund Gold und Edelsteine auf den Finder warten. Nur einmal gelang es einem armen Bauern aus Schöngeising, eine Glasscherbe aus dem Erdreich zu buddeln. Zwar war er enttäuscht ob der Wertlosigkeit seines Fundes, steckte ihn aber dennoch ein und nahm ihn mit nach Hause. Doch als er die Scherbe seiner Frau zeigen wollte, musste er überrascht feststellen, dass sie sich in pures Gold verwandelt hatte! Gleich machte er sich wieder auf den Weg, um noch mehr davon zu holen. Doch an Ort und Stelle gelang es ihm nicht, den Platz ausfindig zu machen, an dem er diese Glasscherbe gefunden hatte. So sehr er auch suchte, er musste unverrichteter Dinge nach Hause zurückkehren.

Tatsächlich weckt dieser Ort bei vielen seiner Besucher eine dunkle Stimmung. Viele fühlen sich hier auf eigenartige Weise berührt, manche lädt der Platz zur Meditation ein, andere empfinden ihn sogar als unangenehm und können sich nicht lange dort aufhalten. Unterstände aus aufgeschichtetem Holz und Steine, die zu Formationen gelegt wurden, belegen, dass auch heute noch einige Menschen diesen besonderen Platz mit seiner düsteren Vergangenheit aufsuchen. Was auch immer sie dort zu finden glauben und welche Kräfte sie spüren mögen, bleibt dahingestellt.

Wir verlassen nun die Sunderburg und setzen unsere Wanderung auf dem Weg fort, den wir gekommen sind. Nicht lange und wir treten aus dem Wald heraus und wandern eine Weile am Ufer der Amper entlang, der wir uns Schritt für Schritt nähern.

Der Uferweg führt uns immer parallel zum Flusslauf in einer weiten Rechtsbiegung nach Schöngeising, das wir über die Brücke erreichen, wenn wir nach links in die Brucker Straße einschwenken. Gleich nach der Brücke halten wir uns links und laufen die Amperstraße immer geradeaus. Wir folgen dabei dem Verlauf der alten Römerstraße – auf Infotafeln erfahren Sie Wissenswertes über die antike Vergangenheit von Schöngeising – und verlassen den Ortskern dort, wo die Amperstraße zur Bahnhofstraße wird und uns zu unserer Endstation führt, dem Bahnhof von Schöngeising.

■ ANFAHRT MIT DEM AUTO

Auf der A 96 kommend, verlassen Sie die Autobahn bei der Ausfahrt »Inning am Ammersee« und fahren auf die B 471 in Richtung Fürstenfeldbruck/Grafrath. Sie kommen unmittelbar an der Wallfahrtskirche St. Rasso vorbei und können auf dem Parkplatz das Auto stehen lassen und von hier aus die Tour beginnen. Nach Abschluss der Wanderung nehmen Sie die S-Bahn von Schöngeising nach Grafrath und spazieren vom Bahnhof in zehn Minuten zum Parkplatz.

■ ANFAHRT MIT ÖFFENTLICHEN VERKEHRSMITTELN

Von München mit der S-Bahn bis zur Haltestelle Grafrath. Auf dem Rückweg steigen Sie in Schöngeising als Endstation der Tour in die gleiche S-Bahn-Linie wieder ein.

■ EINKEHRMÖGLICHKEIT

Unterwegs gibt es keine Einkehrmöglicheiten. In Schöngeising empfiehlt sich der Gasthof »Zum Unter'n Wirt« in der Kirchstraße, mit einem schönen Biergarten nahe der Amper.

2

Der Weltenbaum – Vermittler zwischen Himmel und Erde

Eine der historisch bedeutsamsten Gegenden der Region liegt an den Ufern der Mangfall in der Nähe von Weyarn. Kelten, Römer, Bajuwaren, Christen – sie alle prägten das Gesicht dieser wundervollen Landschaft, die abseits der üblichen Routen voller Geheimnisse steckt. Auch wenn heute die Autobahn fast brutal durch dieses heilige Fleckchen Erde schneidet, hat es seine mystische Kraft lange nicht verloren. Auf dieser Tour folgen wir dem Ruf der Kelten in eines ihrer einstigen Zentren der Macht, erklimmen dann einen magischen Hügel, um im Schatten eines Weltenbaumes über die Schöpfung zu sinnieren …

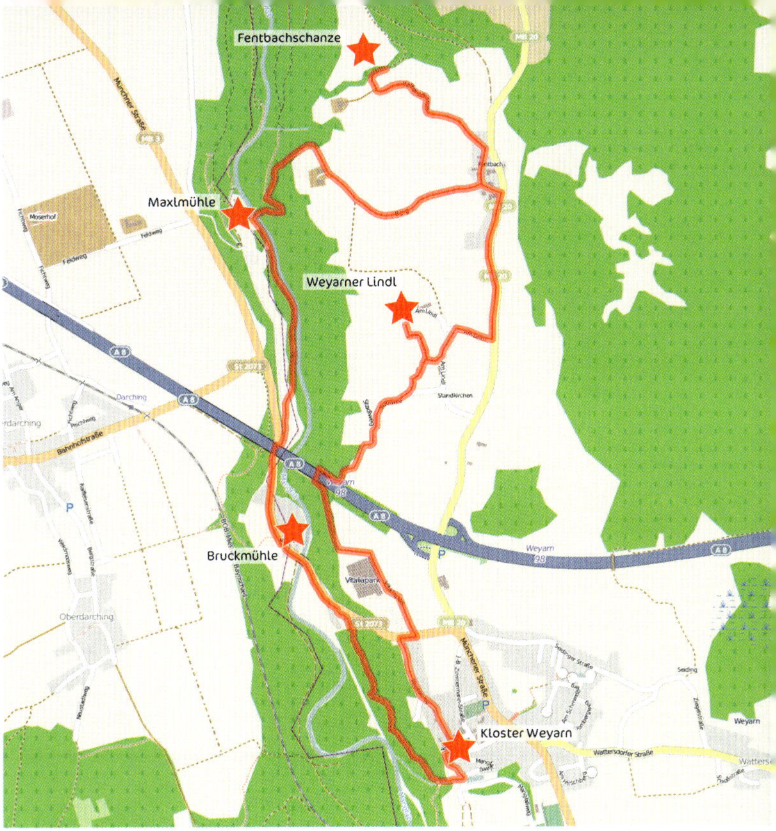

LÄNGE: ca. 11 Kilometer
DAUER: 3 Stunden (reine Gehzeit)
SCHWIERIGKEIT: mittel

WEGBESCHREIBUNG

Der Ausgangspunkt unserer Wanderung ist der Hof des Klosters Weyarn. Gehen wir am Kriegerdenkmal und der Klosterkirche St. Peter und Paul vorbei, ist am westlichen Ende des Hofes ein Torbogen zu sehen, durch den wir auf einen Weg gelangen, auf den wir nach links abbiegen und der uns zwischen Häusern hinab auf den Mangfallweg bringt. Dort wenden wir uns gleich nach rechts, wo uns ein Weg weiter hinab in das Mangfalltal bringt. Nun geht es eine Weile auf dem bewaldeten Hochufer der Mangfall entlang, bis wir auf die Holzkirchener Straße treffen. Dort wenden wir uns nach links, folgen der Straße auf dem parallel verlaufenden Fußweg über die Mangfall, vorbei am Landgasthof »Die Bruckmühle« und unter der Autobahnbrücke hindurch. Kurz darauf zweigt rechts eine Teerstraße ab, in die wir einbiegen. Der Weg führt uns nun unter schattigen Bäumen am linken Mangfallufer entlang, bis wir zur Maxlmühle kommen, eine schöne Einkehr für später, die bereits Kronprinz Maximilian II. zu schätzen wusste, wie die Erinnerungstafel am Haus vermerkt. Eine Holzbrücke führt uns nun wieder über die Mangfall.

Die Mangfall ist nur 58 Kilometer lang und mündet bei Rosenheim in ihren großen Bruder, den Inn. Das tiefe Tal, das die Mangfall in den Untergrund schneidet, geht auf die Auswirkungen des Inntalgletschers zurück. Zur Herkunft ihres Namens gibt es unterschiedliche Meinungen. Manche sagen, er stamme von den früher im Mangfalltal siedelnden Mönchen, die dem Fluss aufgrund seiner vielen Gesichter den Namen »die Mannigfaltige« gaben. Aus diesem Begriff bildete sich dann später der Name »Mangfall«. Andere wiederum erkennen darin die lateinischen Wörter »magna vallis«, was »großes Tal« bedeutet – ebenso passend. Wieder andere bestehen auf einem keltischen Ursprung des Namens und erwähnen die Göttin Fallada, die auch schon dem Ort Valley, einer der ältesten Ortschaften im ganzen Landkreis, den Namen gegeben hat. Den Kelten, die diese Landschaft in frühen Zeiten geprägt haben, werden wir an unserer nächsten Station begegnen. Fest steht, dass das gesamte Mangfalltal ein alter Kulturraum ist, der über Jahrhunderte große Bedeutung besessen hat – und noch heute besitzt, denn aus den Wassern des Mangfalltals wird der größte Teil des Münchner Trinkwassers bestritten.

 Hinter der Brücke führt uns ein Naturweg kurz steil bergauf (bei einer Abzweigung halten wir uns rechts), aus dem Tal hinaus, auf die Anhöhe bei Berg. Hier öffnet sich

der Blick auf grüne Wiesen und Weiden und das Panorama der Alpen erstrahlt vor uns. Wir folgen der Straße, die in einer Linkskurve
auf die Siedlung Fentbach zusteuert. Rechts von uns fallen jetzt
schon terrassenartige Erhebungen auf, auf deren höchstem Punkt
ein Baum zu erkennen ist – das Weyarner Lindl, dem wir uns später
zuwenden. Zunächst aber streben wir auf die Häuser zu. Dort angekommen wenden wir uns nach links und biegen bei der ersten
Gelegenheit gleich wieder links auf einen Feldweg ab. Dieser führt
uns leicht aufwärts zu unserer ersten Station, der Fentbachschanze.

Schon beim Hinaufgehen fällt rechts etwa auf halbem Wege ein in einer geraden Linie verlaufender äußerer Wall auf. Es handelt sich um die äußere Befestigung einer spätkeltischen Stadtanlage, eines sogenannten Oppidums aus der La-Tène-Zeit. Etwas weiter oben stoßen wir dann auf die mächtigen, noch bis zu neun Meter hohen Wälle der inneren Befestigung, die von Bäumen teilweise verdeckt werden. Wir betreten das Gebiet der frühgeschichtlichen Stadt aus dem 1. Jahrhundert v. Chr. durch einen schmalen Durchbruch im Wall und stehen ganz unvermittelt vor einer großen Wiese, die uns gegenüber in einem spitzen Winkel zusammenläuft und ein Dreieck bildet. Sie misst 500 mal 375 Meter und endet am Rand eines Hochplateaus, das nach Nordosten und Nordwesten steil abfällt und nur von der Seite zugänglich ist, von der wir gekommen sind – der ideale Platz für eine Befestigung, denn man musste nur noch auf einer Seite für Schutz vor potenziellen Angreifern sorgen.

Wer waren die Leute, die hier lebten? Wie lebten sie an diesem Ort, hoch über dem Tal der Mangfall? Die wenigen archäologischen Funde weisen auf reges Leben hinter den Wällen hin, mit Handwerksbetrieben und Wohnhäusern. Lassen wir einfach die Weite dieser Fläche auf uns wirken … Vielleicht hören wir das Hämmern der Schmiede, das Klirren der Keramiktöpfe, das Rufen spielender Kinder, das Meckern von Ziegen und das aufgeregte Treiben in den Winkeln und Gassen zwischen den strohgedeckten Lehmhütten. Es muss ein bedeutender Ort in dieser Gegend gewesen sein, der Lebensmittelpunkt vieler Menschen und eine Anlaufstelle für Bauern aus dem Umland und fahrende Händler, die Schmuck und Gewürze aus fernen Ländern mitbrachten und vor allen Dingen Geschichten aus unbekannten Landschaften zu erzählen wussten …

 Zurück geht es auf dem gleichen Weg bis nach Fentbach. Dort gehen wir an der Fentbacher Straße entlang, bis rechts die Straße Am Lindl abgeht. Auf dieser biegen wir links ab und finden kurze Zeit später den Weg, der uns nach rechts hinauf zum jetzt schon sichtbaren Weyarner Lindl führt, erkennbar am alles überragenden Maibaum.

Wenn es ein nahes religiöses Zentrum für das keltische Oppidum gegeben hat, dann muss es dieser Kulthügel gewesen sein, Weyarner Lindl genannt, denn seit Urzeiten steht hier oben auf dieser wie künstlich aufgeschüttet wirkenden Anhöhe eine Linde. Der Baum, den wir heute hier antreffen, ist bereits der Nachfolger einer uralten Baumahnin, die das Zeitliche gesegnet hat, ein heiliger Baum, der diese Stelle als Kultplatz kennzeichnete.

Der Baum auf einem Hügel ist ein mythisches Urbild, das auf die Schöpfung hinweist. In vielen Kulturen taucht aus dem Urchaos, oft als Urflut oder Urozean dargestellt, die Erde in Gestalt eines Berges auf, der sich aus den Wassern erhebt. Er ist das Symbol des Kosmos als geordneter Zustand der Wirklichkeit, in der alles seinen geregelten Weg geht, im Gegensatz zum Chaos als Urzustand, in dem noch nichts entschieden und alles möglich ist. Der Berg hat dabei als Symbol mehrere Schichten: Er ist zum einen das Land, das aus den Wassern ragt und damit das Fundament der Erde ist, zum anderen aber treibt er auch dem Himmel zu und stützt ihn als Dach der Welt. Der Berg ist die Brücke zwischen Himmel und Erde. Wenn wir ihn besteigen, kommen wir den Göttern näher. Zugleich symbolisiert die Anstrengung, die es kostet, die Höhe zu überwinden, dass der Weg zu den Göttern kein leichter ist und mit Demut gegangen werden soll. Wenn wir aber einmal oben angekommen sind, werden wir belohnt: Unser Horizont vergrößert sich, wir blicken in ungeahnte Weite, erkennen bis dahin unsichtbare Zusammenhänge und erleben den erhebenden Augenblick, in der Mitte der Welt zu stehen. Hier spüren wir, dass wir nicht nur Teil der Welt, sondern auch ihr Mitschöpfer sind.

Es mag diese Erkenntnis gewesen sein, die Menschen immer wieder dazu brachte, Heiligtümer, Tempel und Kultstätten auf Anhöhen zu errichten und Berge für heilig zu erklären, man denke an den Meru, den sagenhaften Berg der Hindus, den Kailash

der Tibeter oder auch den Olymp der Antike. Andernorts wurden künstliche Berge errichtet wie die Zikkurat in Mesopotamien oder die Pyramiden Ägyptens. Dann sind da noch die seltsamen künstlichen Hügel, die in unseren Breiten zu finden sind, wie der Silbury Hill nahe Stonehenge in Südengland und vielleicht auch der Glastonbury Tor. Der Lindenhügel, auf dem wir gerade stehen, erweckt ebenfalls den Eindruck, als hätten hier Menschenhände planend eingegriffen. Belegen lässt sich dies nicht, aber gerade dieser markante Hügel mit seiner Nähe zum keltischen Oppidum regt die Vorstellungskraft an. Könnte es nicht sein, dass die Kelten oder vielleicht schon ältere Kulturen diese an sich natürliche Anhöhe zu einem regelrechten Kulthügel umgestaltet haben? Spuren einer solchen kultischen Verehrung liefert vielleicht ein länglicher Stein, der dort oben zu finden ist. Er weist zahlreiche kleine Vertiefungen auf, die ihm den Namen Opferstein eingebracht haben. Wer ihn und zu welchem Zweck auf diesen Berg geschleppt hat, bleibt im Dunkeln, auch ob diese kreisrunden, wie gebohrten Löcher tatsächlich dazu dienten, das Blut von Opfertieren aufzunehmen, oder doch bestimmte als heilig betrachtete Sternenkonstellationen abbilden – wir werden es nie wissen …

Der Baum ist wiederum ein weitverbreitetes Symbol für die kosmische Ordnung, wie zum Beispiel der Weltenbaum Yggdrasil der germanischen Mythologie. Auf seinen Zweigen und unter seinen Wurzeln sind die neun Welten angeordnet, darunter ganz oben die Welt der himmlischen Götter, der Asen, in der Mitte das Reich der Menschen, Midgard, und ganz unten das Reich der Unterweltsgöttin Hel. So steht der Weltenbaum für die Achse der Welt, um die sich alles dreht. Wie der Berg ist der Baum Vermittler zwischen Himmel und Erde, eine Art Leiter hinauf in andere Sphären. In schamanischen Kulturen steigt der Suchende diesen Baum hinauf, um die Erkenntnisse höherer Welten zu erlangen, und gleitet an seinen Wurzeln in die unteren Welten hinab, wo er seinen Krafttieren begegnet. Der Baum aber umfasst die ganze Welt. Auf dem Weyarner Lindl werden beide Symbole verknüpft – und ein drittes gesellt sich in letzter Zeit noch dazu, der Maibaum.

Ob wir nun die Geheimnisse dieses mystischen Ortes völlig entschlüsseln werden, spielt für das persönliche Erleben keine Rolle. Der Aufenthalt hier oben ist kraftvoll und erhebend. Dazu trägt nicht zuletzt die fantastische Fernsicht bei, die sich uns bietet, aber auch das Bewusstsein, an einem Kultplatz zu stehen, der Menschen über Jahrtausende als Stätte der Begegnung mit den Göttern zwischen Himmel und Erde diente.

Wenn wir vom Lindl absteigen, nehmen wir den Feldweg, der von unserem Aufstiegsweg nach rechts abzweigt. So gelangen wir auf den Stadlweg, der uns in
südlicher Richtung wieder zur Autobahn bringt. Kurz bevor wir unter der Autobahnbrücke über das tiefe Mangfalltal »hindurchtau-
chen«, wird er zum Erlacher Weg. Auf der anderen Seite begrüßt
uns eine kleine Kapelle, die dem heiligen Leonhard geweiht ist. Der
Weg führt an Wiesen und einem Gewerbekomplex vorbei bis zur
Holzkirchener Straße. Dort halten wir uns rechts und überqueren
die Straße, um auf dem gegenüberliegenden Klosterweg unseren
Weg fortzusetzen. Nach wenigen Metern haben wir unseren Ausgangspunkt, den Klosterhof, wieder erreicht.

■ ANFAHRT MIT DEM AUTO

Auf der A 8 kommend, verlassen Sie die Autobahn an der Ausfahrt
»Weyarn«. Fahren Sie auf der St 2073 in den Ort hinein. Das Kloster
Weyarn befindet sich am westlichen Ortsrand.

■ ANFAHRT MIT ÖFFENTLICHEN VERKEHRSMITTELN

Mit der Bayerischen Oberlandbahn nach Miesbach oder von München
mit der S-Bahn bis Holzkirchen und von dort jeweils mit einem Bus des
Regionalverkehrs nach Weyarn.

■ EINKEHRMÖGLICHKEIT

Zu empfehlen ist das Waldrestaurant Maxlmühle in Valley mit Sonnen-
terasse, Biergarten und Mangfallblick. Wer mit dem Auto unterwegs
ist, kann die Wanderung auch gleich von hier beginnen und kehrt dann
nach der Tour ganz gemütlich hier ein.

3

Im Druidenwald von Paterzell

Ganz in der Nähe des beschaulichen Ortes Paterzell finden wir ein einzigartiges Stück Natur: einen Wald aus Eiben. Zwischen Buchen, Fichten und Tannen, die ihre Kronen in schwindelerregende Höhen strecken, wachsen über 2000 alte Eiben – so viele wie nirgendwo sonst in Deutschland.

LÄNGE: ca. 2,5 Kilometer
DAUER: 45 Minuten (reine Gehzeit)
SCHWIERIGKEIT: leicht

WEGBESCHREIBUNG

Wir starten am Gasthof »Zum Eibenwald«, den wir links liegen lassen, und nehmen den Spazierweg Richtung Eibenwald, der direkt am Gebäude vorbeiführt. Rechts von uns breiten sich Wiesen aus, die Berge haben wir im Rücken. Wir kommen an einem prächtigen, alten Birnbaum vorbei und bald danach wenden wir uns nach rechts und folgen dem Weg immer weiter, der uns kurz vor dem Waldrand noch einmal nach links abzweigen lässt. Über einen kleinen Bach führt er direkt in den Wald hinein. Nun halten wir uns links und betreten den Eibenwald, der eigentlich ein Mischwald ist. Schon bald tauchen zwischen Buchen, Tannen und Fichten die ersten Eibengestalten auf. Der Eibenwald ist eines der ältesten Naturschutzgebiete Deutschlands und auf verschiedenen Stationen wird im Sinne eines Lehrpfades auf die besonderen Eigenheiten der Eibe hingewiesen.

Wir folgen dem Rundweg und müssen dabei immer wieder Gatter öffnen, welche die Jungeiben vor Wildverbiss schützen sollen, denn gerade für Rehe sind Eiben regelrechte Leckerbissen. Während schon eine geringe Menge Eibennadeln ein Pferd töten kann, vertragen Rehe das Gift und scheinen es wie ein Genussmittel zu naschen. Dabei fressen sie stets nur so viel, wie sie wirklich vertragen können.

Wir kommen an drehwüchsigen Eiben vorbei, die wie gedrechselt aussehen, an einer umgedrückten Eibe und an zahlreichen hohlen Eiben. Es lohnt sich, die einzelnen Bäume immer wieder näher in Augenschein zu nehmen, denn sie zeigen von unterschiedlichen Seiten immer wieder ein anderes Gesicht.

Der gesamte Eibenwald steht auf meterdickem Tuffstein, der sich aus kalkhaltigem Grundwasser gebildet hat. Auf der geringen Humusschicht, die das Gestein bedeckt, fühlt sich die Eibe wohl. Zugleich plätschern zahlreiche Quellen mit hervorragendem Trinkwasser durch den Wald, zum Teil werden sie auch in Kanäle gelenkt.

Wenn nach der letzten Station der Weg offiziell geradeaus und dann nach links in Richtung einer lichteren Stelle mit hochgewachsenen Buchen weiterführt, machen wir einen Abstecher nach rechts, der mit »Abkürzung« beschrieben wird. Gerade an diesem Teilstück befinden sich die sehenswertesten Eiben, unter anderem ein besonders geheimnisvolles hohles Exemplar.

Sie können am Ende der Abkürzung einfach kehrtmachen, dann rechts abbiegen und den offiziellen Weg weitergehen, der Sie in einem weiten Rechtsbogen zum Waldrand zurückführt, oder Sie gehen nach der Abkürzung direkt rechts weiter. Das letzte Stück legen wir auf dem gleichen Weg, den wir gekommen sind, zurück.

Die Eibe ist die älteste heimische Baumart und es gibt sie schon seit mindestens 600000 Jahren. Heute steht sie unter Naturschutz. Sie ist der einzige heimische Giftbaum und liebt es, im Schatten der anderen Bäume zu gedeihen. Sie wächst sehr langsam und nicht sehr hoch, doch kann sie dafür älter werden als alle übrigen heimischen Bäume.

Die Eibe ist ein seltsamer Baum: Auf der einen Seite ist sie ein Nadelgehölz, auf der anderen Seite bildet sie keine Samenzapfen wie Fichte oder Tanne, sondern rote »Scheinbeeren« (Arillus), bei denen das korallrote Fleisch des Fruchtbechers einen Samenkern umhüllt. Während die weiblichen Eiben im Spätsommer und Herbst diese Früchte tragen, verbreiten die männlichen Eiben aus ihren Blüten im Frühling einen nebelartigen Staub. Auffällig ist auch die oft gewundene, wulstige, tief gefurchte Gestalt des Stammes, in dessen Formen uns nicht selten eigenartige Wesen und Gesichter anzublicken scheinen. Ältere Bäume sind hohl und verjüngen sich, indem sich aus der Krone Äste in den Boden senken und so einen neuen Stamm bilden, oder werden von jungem Holz umwallt. Die Eibe befindet sich in einem ununterbrochenen Verwandlungsprozess, der es schwer macht, ihr wahres Alter zu bestimmen. Ihr Holz hat eine gelbliche bis tiefrote Färbung. Besonders an regenreichen Tagen leuchtet es unter der abgeschuppten Rinde blutrot hervor.

Aus dem sehr haltbaren und elastischen Holz schuf man schon in der Steinzeit besonders langlebige Waffen wie Pfeile und Bögen. Auch der Bogenstab von »Ötzi«, dem in den Ötztaler Alpen gefundenen mumifizierten Leichnam eines Menschen der frühen Steinzeit, war aus diesem begehrten Holz gefertigt. So kam es, dass Eiben in Oberbayern und anderswo aufgrund der großen Nachfrage nach Kriegs- und Jagdwaffen um 1600 weitgehend ausgerottet waren. Überlebt haben sie sie zumeist in Gärten, auf

Friedhöfen und in Parks. Doch selten ist solch ein Anblick wie hier bei Paterzell: ein ganzer Wald voller Eiben. Einige dieser Baumahnen sind wohl bis zu 1000 Jahre alt.

Vielleicht hängt der althochdeutsche Name der Eibe, »iwa«, mit dem Wort »ewa« für Ewigkeit zusammen, dann wäre die Eibe der immergrüne Baum, der den Tod überwindet – und bringt.

Von der Giftigkeit der Eibe sprach bereits Julius Cäsar. Er berichtete, dass der Eburonenkönig Catuvolcus sich mit einem Eibentrunk das Leben nahm. Sehr wahrscheinlich hatte der Selbstmord des Keltenfürsten einen kultischen Hintergrund. Das Gift der Eibe heißt Taxin, ist stärker als das des Fingerhuts und führt zu einem schnellen Herzstillstand. Zwar ist die Eibe auch für Menschen giftig, allerdings müsste man wenigstens 50 Gramm davon verspeisen. Einzig das rote Fruchtfleisch, welches den ebenfalls giftigen Samenkern umschließt, ist ungiftig und schmackhaft.

Kein Wunder, dass dieser geheimnisvolle Baum auch ein heiliger Baum ist. Die Germanen und Kelten sahen in ihm einen Begleiter in die Anderswelt. Sie tränkten ihre Pfeilspitzen im giftigen Eibensud. Der Zauber der Eibe hatte zudem eine bannende Wirkung gegen alles Böse, gegen Hexen und Dämonen: »Vor Eiben kann kein Zauber bleiben.« Als Baum der Unterwelt finden wir sie auf vielen Friedhöfen.

Manche glauben, Yggdrasil, der Weltenbaum der Germanen, sei gar keine Esche, wie es immer heißt, sondern eine Eibe, da diese als immergrüner Baum viel besser geeignet sei, die neun Welten zu verbinden. Bemerkenswert ist, dass Yggdrasil so viel wie »das Pferd des Schrecklichen« bedeutet, wobei der Schreckliche niemand Geringerer sein wird als Odin, der höchste aller Götter. Wenn mit seinem »Pferd« der Baum selbst gemeint ist, dann könnte er auch als ein »Reisebaum« betrachtet werden – ein Baum, auf dessen »Rücken« wir in andere Welten reisen können, vielleicht ein Hinweis auf die psychoaktiven Wirkstoffe der Eibe: Besonders an warmen Tagen dünsten Eiben Pseudoalkaloide aus, sodass viele Menschen schon nach wenigen Minuten Mundtrockenheit, Entspannung und Wärme empfinden, eine typische

Alkaloidwirkung. Andere berichten von Beklommenheit, Kopf-schmerzen und Kreislaufstörungen, die sich nach einem mehr-stündigen Aufenthalt unter der Eibe einstellen. Auch rauschar-tige, euphorische Zustände bis hin zu Trance können eintreten. Hielten deshalb die Druiden unter Eiben Rat, weil sie die bewusst-seinserweiternde Wirkung dieses Baumes nutzten?

Die Begegnung mit der Eibe ist in jedem Fall etwas ganz Beson-deres. In ihrem Schatten herrscht eine düstere Atmosphäre, die Ehrfurcht einflößt. Keine Eibe gleicht der anderen. Wie Gespen-ster oder Wesen aus einer anderen Welt strecken sie uns ihre Äste entgegen, manchmal einladend, öfters aber warnend. Eine starke Kraft der Wandlung geht von ihnen aus. Wer sich auf sie einlässt, für den kann die Eibe wie ein Kanal wirken, der uns von Altlasten befreit, sobald wir bereit sind, sie wirklich loszulassen, um einen Neubeginn zu wagen.

■ ANFAHRT MIT DEM AUTO

Auf der A 96 kommend, verlassen Sie die Autobahn an der Anschluss-stelle 26 »Landsberg am Lech – Ost«. Folgen Sie der St 2057 Richtung Weilheim in Oberbayern bis Zellsee. Dort biegen Sie rechts ab Richtung Paterzell. In Paterzell liegt der Gasthof »Zum Eibenwald« auf der linken Seite.

■ ANFAHRT MIT ÖFFENTLICHEN VERKEHRSMITTELN

Fahren Sie mit der Bahn bis Weilheim in Oberbayern und dann mit dem Bus bis Zellsee. Von dort führt ein Forstweg in den Eibenwald (zusätz-lich ca. 1,2 Kilometer).

■ EINKEHRMÖGLICHKEIT

Gasthof »Zum Eibenwald«. Seine Terrasse mit herrlichem Alpenblick ist ideal für eine Rast oder als Abschluss des Spaziergangs durch den Eibenwald.

■ TIPP

Sie können diesen Spaziergang zu einer Wanderung ausbauen und ihn mit der Tour »Träume unterm Lindenbaum« kombinieren.

Träume unterm Lindenbaum

4

Tassilo III. war der letzte bayrische Herzog aus dem Geschlecht der Agilolfinger und ein Vetter Karls des Großen. Zahlreiche Klostergründungen gehen auf sein Wirken zurück, darunter Orte mit so klingenden Namen wie Frauenchiemsee. Und so will es die Legende, dass er auch für die Gründung des Klosters von Wessobrunn verantwortlich ist, auch wenn es hierfür keinen Beleg gibt. Über dem Kloster mit seinem Römerturm, dem Brunnenhaus und den drei Quellen liegt dennoch der Zauber einer großen Vision. Doch dazu müssen wir das Kloster hinter uns lassen und unsere Schritte zu jener Baumahnin lenken, in deren Schatten alles mit einem Traum seinen Anfang nahm …

LÄNGE: ca. 2 Kilometer
DAUER: 1 Stunde (reine Gehzeit)
SCHWIERIGKEIT: leicht

WEGBESCHREIBUNG

 Wir beginnen unseren Spaziergang im Hof des Klosters, spazieren an der Pfarrkirche St. Johann Baptist vorbei und links durch eine Hecke, genau gegenüber vom »Grauen Herzog«, dem markanten romanischen Turm. Nun stehen wir vor dem aufsteigenden Gelände mit dem Brunnenhaus, doch zunächst wenden wir uns nach rechts – den drei Quellen und dem Brunnenhaus widmen wir uns auf dem Rückweg. Der Weg zur Tassilolinde ist gut beschildert und führt über einen ausgebauten Pfad, an einer

Mariengrotte und einem künstlich angelegten Teich vorbei – und zur Klostermauer wieder hinaus. Wir wenden uns nach rechts und folgen dem Weg noch ein Stück die Klostermauer entlang, bis er hinab zur Linde führt, die an einem Abhang steht.

Tassilo liebte die Jagd und vergaß hin und wieder dabei die Zeit. Einmal brach die Nacht über ihn und sein Gefolge herein und er war gezwungen, sein Lager aufzuschlagen. Er selbst bettete sein Haupt unter einer Linde. In dieser Nacht hatte er einen Traum: Der Himmel öffnete sich und ein Lichtstrahl erleuchtete die Landschaft – genau an einer Stelle, an der drei Quellen sprudelten. Diese flossen in Form eines Kreuzes zusammen. Auf dem Lichtstrahl aber sah Tassilo Engel wie auf einer Leiter auf- und absteigen, um dort Wasser zu schöpfen. Ganz oben wachte Petrus mit seinem Himmelsschlüssel über die Szene und hielt seine segnende Hand über die Quellen.

Der Herzog, kaum war er erwacht, berichtete seinem Getreuen Wesso von dem wundersamen Traum. Dieser begriff, dass es sich um einen göttlichen Fingerzeig handelte. Sofort brach er auf und machte sich auf die Suche. Und tatsächlich: Nicht weit von der Linde entdeckte er die drei Quellen. Tassilo ließ Benediktiner vom Tegernsee rufen und beauftragte sie mit der Gründung eines Klosters zu Ehren des heiligen Petrus. Seinen Namen aber erhielt der Ort nach dem Entdecker: Wessobrunn.

Schon damals, im 8. Jahrhundert, zu Lebzeiten des Herzogs, muss die Linde, unter der Tassilo schlief, ein stattlicher Baum gewesen sein, will man der Sage Glauben schenken. Das ist nun rund 1200 Jahre her. Es handelt sich um eine Winterlinde, die im Umfang etwa 14 und in der Höhe 25 Meter misst. Die riesige Krone hat einen Durchmesser von 27 Metern – ein wahrhaft majestätischer Baum also, dessen Pracht sich immer mehr entfaltet, je näher man ihm kommt.

Doch ist die Linde wirklich so alt? Wir wissen es nicht. Es gilt als unwahrscheinlich, dass Winterlinden ein so hohes Alter erreichen können. »Tausendjährig« wird sie genannt, doch hier steht die

Zahl wohl für die unbestimmbare Tiefe der Vergangenheit, in der die Linde in der Erinnerung der Menschen verschwindet. Hinzu kommt, dass der Baum, wie wir ihn heute vorfinden, durchaus an einer Stelle stehen könnte, die schon immer ein Lindenplatz gewesen ist. Vielleicht ein Ort, an dem Generationen von Linden wuchsen. Schon jetzt sprießen im Inneren der Tassilolinde neue Schösslinge und lösen den jetzigen Baum vielleicht eines Tages in einem fließenden Übergang ab.

Die Linde ist ein Baum der Liebe, der Begegnung. Alles an ihr ist auf das Herz ausgerichtet, selbst ihre Blätter, die in Form eines Herzens wachsen. Es ist sogar möglich, im Herzen der Tassilolinde Platz zu nehmen, denn sie ist hohl. Genauer gesagt umschließen die nach außen driftenden Stämme der Baumahnin eine Art Sockel, auf den man durch schmale Pforten gelangt. Hier finden wir Ruhe – wenn auch keine Stille, denn selten ist man allein. Wanderer kommen vorbei, umrunden staunend den Baumriesen, Kinder spielen hin und wieder in den Ästen, die zum Klettern einladen, ein Hund tänzelt zwischen Laub und Lindenblüten. Doch nichts davon stört die Andacht – im Gegenteil: die Bewegung, die von nah und fern diesem Baum entgegenstrebt, ist Teil der Andacht. Alles an der Linde ist Begegnung, Verbindung. Was hier zusammenkommt, berührt sich.

Die Dorflinde ist noch heute Sinnbild für den Mittelpunkt der Gemeinde, an dem man sich trifft. Früher wurde unter Linden Recht gesprochen und Ehen wurden geschlossen. Tanzlinden luden zu geselligem Vergnügen ein. Nicht umsonst stehen sie unter dem Signum der Liebesgöttinnen, ob der germanischen Freya oder der antiken Venus. Es sind Göttinnen, die für das Verbundensein stehen, mit unserem Leib, unseren Mitmenschen, der Natur.

Mein Leben verschränkt sich unablässig mit dem Leben anderer. »Ich kann mich nicht nicht beziehen«, heißt es. Auch Ablehnung ist eine Form, sich auf einen anderen Menschen zu beziehen, mit ihm oder ihr in Beziehung zu stehen. Sich mit einem anderen Menschen verbunden zu fühlen kann auf vielen Ebenen geschehen. Jede Beziehung ist eine neue Welt.

Wenn ich das herzförmige Blatt mit zwei Fingern beschreibe, sind es zwei Linien, die einen gemeinsamen Ausgangspunkt nehmen, sich voneinander entfernen, dann wieder zusammenfinden. Dabei beschreiben sie eine Kurve, gehen gewissermaßen auf ihrem Weg ein Stück zurück, als ob sie sich an ihren Ursprung erinnern wollen. Verbundenheit braucht Trennung, braucht Unterschiede. Vielleicht beschreibt das Herz diesen Gedanken als Prozess: Wir begegnen einander, erleben den Augenblick der Einheit, um uns dann wieder vom anderen zu trennen, um unsere eigenen Kreise zu ziehen. Dann steuern wir wieder aufeinander zu, um uns erneut zu begegnen, auf neue Weise.

Der Traum des Tassilo ist ebenfalls geprägt von Metaphern der Verbindung – zwischen »oben« und »unten«. In Wessobrunn berühren sich das Höchste und das Tiefste, das Licht des Himmels und das Wasser, das aus der Erde quillt. Zwischen diesen beiden Polen steigen Engel auf und ab.

 Nach der Linde folgen wir den Treppen hinab und überqueren auf einer Brücke einen Bach. Nach der Brücke führt der Weg links weiter, bis wir auf die Schmunzerstraße stoßen. In diese biegen wir rechts ein und folgen ihr, bis rechts ein Weg zwischen den Häusern zum Kloster weist. Auf diesem Weg gelangen wir schließlich zurück zum Klosterhof.

Jetzt überqueren wir den Klosterhof und stehen vor rechteckig eingefassten Teichen, in denen Fische ihre Kreise ziehen und in deren Mitte ein Weg hinauf zum Brunnenhaus führt, in dem die drei sagenhaften Quellen entspringen …

Die drei Bögen des barocken Brunnenhauses erinnern an die drei Quellen, die einst der treue Wesso hier entdeckte. Die Zahl Drei spielt in der ganzen Legende eine tragende Rolle. Natürlich ist dies auch ein Verweis auf die christliche Symbolik der Dreifaltigkeit von Vater, Sohn und Heiligem Geist. Abgesehen davon ist die Zahl Drei auch die Zahl der Beziehung, denn sie verkörpert das Dritte, das entsteht, wenn sich zwei miteinander verbinden. Die

Drei überwindet den Zwiespalt, den »Zwei-fel«: »Wenn zwei sich streiten, freut sich der Dritte …«

»Aller guten Dinge sind drei.« Die Drei ist eine Zauberzahl: »Du musst es dreimal sagen«, weist Mephisto Faust an, damit er in die Stube hereinkann. Viele Menschen streben danach, eine Tätigkeit dreimal zu wiederholen, erst dann scheint sich für manchen die Befriedigung einzustellen, etwas zu Ende gebracht zu haben. Wir lassen einen Jubilar dreimal hochleben, klopfen dreimal auf Holz und dreimal dürfen wir raten. Im Märchen sind es gerne drei Brüder und der Teufel hat drei goldene Haare. In vielen Mythologien treten Götter als Dreigespann auf wie die drei Olympier Zeus, Poseidon und Hades, die sich die Herrschaft über Himmel, Meer und Unterwelt teilen. Und dann gibt es da noch eine Vielzahl an weiblichen Göttinnen, die stets zu dritt auftreten, wie die germanischen Nornen – womit wir wieder bei unseren Quellen sind, denn in der Sage sitzen diese drei Frauen am Urdaborn, der Quelle der Zeit am Fuße des Weltenbaumes Yggdrasil. Aus diesem Brunnen schöpfen sie das Wasser des Wissens und bestimmen über das Schicksal der Menschen und Götter.

Das deutsche Wort »Brunnen« hat sich aus dem weniger geläufigen Wort »Born« für Quelle entwickelt, von dem sich auch das Wort »geboren« ableitet. Jede Quelle erinnert an unsere Herkunft aus dem Schoß der Erde, aus dem wir ebenso entsprungen sind wie das Wasser, das hier an das Licht der Welt tritt. Quellen verkörpern die Kraft des Neuanfangs. Im Brunnenhaus verschmilzt die magische Drei mit der Kraft des Wassers, aus dem alles Leben kommt, zum Dreiklang der Verbundenheit des Menschen mit Gott und der Welt.

Natürlich darf ein Abstecher in das Kloster selbst nicht fehlen. Die ehemalige Benediktinerabtei wird heute von Missions-Benediktinerinnen aus Tutzing geführt. Diese veranstalten täglich Besichtigungen der sehenswerten Gebäude. Im ehemaligen Fürstentrakt können wir uns vom üppigen und symbolreichen Stuck überraschen lassen, der weltberühmt ist und seinesgleichen sucht. Nach einem Blick in den früheren Prälatentrakt schreiten wir durch das Portal, geziert vom Bildnis des Kurfürsten Maximilian I. von Bayern, in den Tassilosaal, der uns in Staunen versetzt. Die in Malachit gefasste Stuckdecke weist eine unglaubliche Fülle an Bildmotiven aus Jagdszenen auf, einzigartig in ihrer Art. Durch grünes Laub flüchtende Hasen, durch Rankenwerk springende Hirsche, Gesichter von Waldwesen, die zwischen Blätterranken den Betrachter beobachten – all dies verfehlt seine Wirkung nicht.

■ ANFAHRT MIT DEM AUTO

Auf der A 96 kommend, verlassen Sie die Autobahn an der Anschlussstelle 26 »Landsberg am Lech – Ost«. Folgen Sie der St 2057 Richtung Weilheim in Oberbayern bis Wessobrunn.

■ ANFAHRT MIT ÖFFENTLICHEN VERKEHRSMITTELN

Fahren Sie mit der Bahn bis Weilheim in Oberbayern und dann mit dem Bus bis Wessobrunn.

■ EINKEHRMÖGLICHKEIT

»Gasthof zur Post«, die ehemalige Klostertaverne. Er befindet sich auf der anderen Seite der Staatsstraße und hat eine schöne Terrasse.

■ TIPP

Wenn man rechts am Gasthof vorbei entlang der Straße den Berg hinaufsteigt, gelangt man nach nicht einmal einem Kilometer zur Kreuzbergkapelle auf der linken Straßenseite. Sie erinnert an die Zerstörung des Klosters im Jahr 955 beim Einfall der Ungarn. Die Kapelle umschließt den Hunnenstein, einen Findling, an dem Mönche durch die Hunnen hingerichtet worden sein sollen. Der einheimische Maler Matthäus Günther schildert im Deckengemälde von 1771 die Bluttat von damals. In die Kapelle ist über einen Spiegel durch einen Schlitz an der Tür ein begrenzter Einblick möglich. Der Schlüssel kann am Kiosk entliehen werden.

Bei den Schicksalsfrauen vom Würmsee

5

Unsere Wanderung beginnt in Tutzing, einem alten Sied-
lungsplatz am Starnberger See, an dem sich schon Kelten
und Römer wohlgefühlt haben. Hinauf geht es durch schöne Wälder zur Ilkahöhe, einem lang gestreckten Hügel,
gebildet vor Tausenden von Jahren durch einen Gletscher
und mit 726 Metern die höchste Erhebung am See. Früher
nannte man diesen Hügel den »Parzenbichl« – die Parzen
sind die drei Schicksalsgöttinnen der Antike –, eine Erinnerung daran, dass wir uns hier auf einem uralten Kultplatz
befinden, von dem aus sich ein herrliches Panorama über
den See und bis zu den Alpen bietet. Der Weg entlang der
Ilkahöhe ist ein Drachenpfad, ein alter Initiationsweg – er
führt uns ganz zu unserer inneren Mitte zurück.

LÄNGE: ca. 10 Kilometer
DAUER: 3 Stunden (reine Gehzeit)
SCHWIERIGKEIT: leicht, mäßige Steigungen

WEGBESCHREIBUNG

 Wir verlassen den Bahnhof Tutzing auf der Rückseite, indem wir die Unterführung unter den Gleisen nehmen, um auf den rückwärtigen Parkplatz zu gelangen. Dort wenden wir uns gleich nach rechts und folgen der Straße parallel zu den Gleisen, bis wir auf der linken Seite in eine Straße einbiegen, die den Namen »Martelsgraben« trägt. Diese führt uns leicht ansteigend entlang eines Baches zuerst an Häusern vorbei in den Wald. Bald verwandelt sich die Straße in einen schmalen Wanderpfad und wir überqueren den Bach, um steiler aufwärts zum Martelshof zu wandern. Diesen lassen wir rechts liegen, folgen der Straße Am Höhenberg zwischen Häusern und Weideflächen hindurch bis zu ihrem Ende und biegen dann rechts in einen Weg ein, der uns weiter hinaufführt, diesmal durch eine wunderschöne Allee mit Kopflinden, die zum Teil mit ausgefallenen Wuchsformen überraschen.

Es geht weiter bergan und bald erreichen wir wieder die Waldgrenze. Bevor wir in den Wald eintauchen, lohnt sich ein Blick zurück: Mittlerweile sind wir so weit aufgestiegen, dass wir den See zwischen den Bäumen leuchten sehen können. Durch einen lichten Mischwald führt der Pfad immer noch leicht ansteigend weiter in Richtung unseres Ziels. Wir folgen ihm geradeaus, bis wir auf einen Parkplatz stoßen, vor dem wir nach links abbiegen. Nach wenigen Metern erreichen wir die Monatshauser Straße und sehen zum ersten Mal die Ilkahöhe …

Die Ilkahöhe ist rein erdgeschichtlich betrachtet eine Seitenmoräne des Isar-Loisach-Gletschers, der sich am Ende der letzten Eiszeit vor etwa 15000 bis 20000 Jahren zurückzog und in seiner Fließrichtung von Süden nach Norden nicht nur den Starnberger See, sondern auch an seinen Flanken lang gezogene Hügel hinterließ.

Wie ein schlafender Drache streckt sich die Ilkahöhe nun vor uns Richtung Berge aus. Natürliche Landschaften, so heißt es in der Geomantie, der Lehre von den in der Erde wohnenden Kräften, sind durchzogen von Drachenlinien, auch Drachenpfade genannt. Man könnte sie als die Lebensadern unter der Oberfläche der Erde beschreiben und Drachen sind mythologische Stellvertreter der Kräfte, die sich entlang dieser Adern bewegen. In China ist diese Vorstellung noch heute, zum Beispiel im Feng Shui, sehr lebendig. Auch in Europa finden wir immer wieder geografische Hinweise auf die Verbindung von Drachenwesen und Landschaftsmerkmalen, wie Drachental, Drachenstein oder Drachenloch. Es könnte sich dabei um Stellen handeln, an denen die Erdenergie von besonderer Kraft ist und an der Oberfläche sichtbar wird. Die Form zerklüfteter Berge, die Art der Schwingung eines Flusslaufes, Seen, die wie Augen in der Landschaft liegen – all das mag für die Menschen Kennzeichen der Gegenwart der in den Drachen personifizierten Erdkräfte gewesen sein. Die Sagen, die wir noch heute über diese Orte hören können, erinnern vielleicht an diese uralte Vorstellung.

Zwar ist von der Ilkahöhe keine Sage überliefert, die darauf hinweist, dass sie als Landschaftsdrache gesehen wurde, aber bleiben wir doch einfach mal bei diesem Bild und steigen am Schwanzende des Drachen hinauf auf seinen Rücken, gehen ein paar Schritte und folgen dem schmalen Pfad, um einen Blick auf einen anderen »Drachen« zu werfen, der sich gewissermaßen zu unseren Füßen ausbreitet: den Starnberger See. Auf einer der einladenden Bänke entlang des Weges können wir uns in seinen herrlichen Anblick vor der Kulisse der leuchtenden Berge vertiefen.

Der Starnberger See ist nicht nur eines der beliebtesten Ausflugsziele der Münchner Stadtmenschen – er ist ein See voller Geheimnisse. Erst im Jahr 1962 erhielt er den Namen, unter dem er heute bekannt ist. Zuvor hieß er nur der Würmsee. Auf seinem Grund soll seit der Erschaffung der Welt ein riesiges Ungeheuer leben, ein Lindwurm. Sein in Tausende Windungen verschlungener Schlangenleib bedeckt den gesamten Seeboden. Seinen Kopf aber hat er tief unter seinem Körper vergraben und schläft. Doch es heißt, der Tag wir kommen, an dem er erwachen und sein Haupt erheben wird. Er wird auftauchen und aus dem See herauskriechen. Dabei wird er eine gewaltige Sturmflut auslösen, die alles Leben auf dem Land vernichten wird. An diesem schrecklichen Tag wird die Welt untergehen.

Auch wenn die sprachwissenschaftliche Erklärung den Lindwurm vom Würmsee ins Reich der Sagen verbannt – tatsächlich leitet sich sein Name vom Zufluss der Würm ab, von »wirmina«, »die schnell Dahinströmende« –, kennen wir das Motiv des Wasserungeheuers aus den unterschiedlichsten Kulturen. Es fällt leicht, in Ungeheuern, ob zu Land oder zu Wasser, mythische Metaphern für Naturerscheinungen zu sehen: in der rot leuchtenden Gewitterwolke den Wetterdrachen, der Sturm, Hagel und Überschwemmungen durch endlosen Regen bringt, in den tosenden Gebirgsbächen, die nach einem Unwetter über die Ufer treten, den wütenden Wasserdrachen und in Blitzen und Donnerschlägen den gefürchteten Feuerdrachen. Und wenn der weiße Nebel über den Gewässern aufstieg, sah man darin den giftigen Atem eines Lindwurms, der in den Tiefen lauert und manchmal in seiner Wut riesige Wellen erzeugt, um Mensch und Tier in den Tod zu reißen und zu verschlingen.

Weiter geht es auf dem Rücken des Drachen immer Richtung Berge, also nach Süden. Links von uns fällt der Hang
relativ steil ab, rechts von uns breiten sich Wiesen aus, die
zum Teil landwirtschaftlich genutzt werden. Wir aber bleiben auf
dem schmalen Pfad an der Grenze des Abhangs und wandern an
bizarr anmutenden Weißdornbüschen vorbei. Immer wieder laden
Bänke ein, die fantastische Aussicht zu genießen, die sich nun immer weiter öffnet: auf den See und die Kette der Berge. Bald grüßt
von etwas weiter unten der Kirchturm von Oberzeismering. Dann
verdichten sich die Bäume wieder und wir gehen in ein Stück Wald
hinein. Genau hier befindet sich eine Lichtung.

Wir sind auf dem Kopf des Drachen angekommen, gekrönt von sehr alten Bäumen, darunter ein mächtiger Ahorn und eine Reihe herrlicher Buchen. Eine Tafel am anderen Ende der Lichtung erzählt uns, dass hier einst ein neoromanischer Tempel stand, den die Tochter des Verlegers Eduard von Hallberger als Andenken an ihren Vater im 19. Jahrhundert errichten ließ. Im Anschluss erfahren wir, woher die Ilkahöhe ihren Namen hat: Der Tutzinger Graf von Vieregg benannte den Höhenzug nach seiner Tochter. Davor nannte man ihn den »Parzenbichl«. Die Nachsilbe »-bichl« ist leicht erklärt: Es handelt sich um die Flurbezeichnung für einen Hügel. Doch die Parzen geben zunächst Rätsel auf. Handelt es sich wirklich um die drei Parzen, die Schicksalsgöttinnen der römischen Mythologie? Möglich wäre es, denn in dieser Gegend gibt es zahlreiche Reste aus der Zeit der römischen Besiedlung, schließlich haben sich auch die Römer in dieser herrlichen Landschaft einst ganz wohlgefühlt. Nicht weit entfernt gibt es auch Spuren einer Römerstraße, die an der Westseite des Sees von Norden nach Süden führte. Befand sich also ein altes römisches Heiligtum auf dem Hügel? Wahrscheinlicher ist, dass die Römer auf eine kultische Tradition anspielten, die bereits vor ihnen da war und in der drei Frauen eine Rolle spielten … Vielleicht erschienen sie in Gestalt dreier Göttinnen, die über das Schicksal der Menschen bestimmten und wachten, möglicherweise ganz ähnlich den nordischen Nornen. Beweisen lässt sich das nicht.

Vielleicht hat der Name »Parzen« aber noch einen ganz anderen, weit profaneren Hintergrund: das heute nicht mehr gebräuchliche bairische Wort »pärzich«, das so viel wie »buschig«, »verwachsen« bedeutet. Wenn das der Ursprung des alten Namens der Ilkahöhe ist, dann muss sie entweder einmal ein undurchdringliches Gebüsch überzogen haben oder es sind die bemerkenswerten uralten Weißdornbüsche gemeint, die tatsächlich in bizarren knorrigen Formen die Hangkante bevölkern. Selbst dann kommen wir dem Mystischen allerdings nicht aus, leben der keltischen Tradition nach im Weißdornbusch doch die Elfen und Feen. Wo er wächst, sind sie nicht weit … Gerade wenn der auch Hagedorn genannte Busch in voller Blüte steht und schon von Weitem schneeweiß leuchtet, lässt er uns spüren, dass er ein Baum der Schwelle ist, der Grenze zwischen dem Hier und der Anderswelt. Er trägt im Wechsel der Jahreszeiten die Farben der Großen Göttin, der Natur: Weiß, wenn er im Frühling blüht, Rot, wenn er im Sommer Früchte trägt, und Schwarz hebt sich sein Holz vom Schnee ab im Winter. Und auch hier haben wir sie wieder, die mythische Dreiheit. Ob hier wirklich die drei Nornen einst den Lebensfaden der Menschen und Götter spannen oder Naturgeister in Weißdornbüschen hausen – oder beides –, bleibt angesichts der eindrücklichen Schönheit dieses Pfades unerheblich. Wer den Drachenpfad geht und am Ende den Naturtempel auf dem Kopf des Drachen erreicht, der darf sich wie einer fühlen, der einen uralten Einweihungsweg beschreitet …

 Der Weg führt uns nun links hinunter, wir halten uns bei der bald folgenden Abzweigung rechts und biegen bei einem hinter Büschen und Bäumen etwas versteckten Weiher und einer Wegkreuzung, die von einem Marterl markiert wird, links ab, bis links das Gut Ilkahöhe auftaucht. Wir biegen sogleich rechts ab, wobei es merklich weiter hinabgeht. Nach wenigen Schritten heißt es aufgepasst: Bei einem Schafstall auf der linken Seite zweigt ein Nebenweg ab Richtung »Forsthaus Ilkahöhe«, den wir einschlagen. Wir werden von einem uralten, knorrigen Baum begrüßt, der innen hohl ist. Der Weg führt in einer leichten Biegung und an einer Quelle vorbei wieder ein paar Stufen hinauf zur Wirtschaft mit ihrem Biergarten und einem unvergleichlichen Panorama. Der perfekte Ort für eine Rast.

Der Biergarten des Forsthauses ist an sich schon ein besonderer Platz mit seiner spektakulären Aussicht. Was einem vielleicht erst auf den zweiten Blick bewusst wird: Nicht nur das leibliche Wohl scheint hier eine Rolle zu spielen, sondern auch das spirituelle. Hinter dem Gasthaus stoßen wir auf das Kirchlein von Oberzeismering, das dem heiligen Nikolaus geweiht ist. Schon von der

Ilkahöhe aus haben wir die Zwiebel des Turmes ausmachen können, nun sollten wir die Gelegenheit nutzen und durch das Gatter in den verwunschen wirkenden, sehr alten Friedhof eintreten, um die Kirche genauer in Augenschein zu nehmen, denn sie bietet eine Besonderheit. Wer Glück hat, und der Mesner hat gerade die Kirche aufgeschlossen, weil er einen Gottesdienst vorbereitet, sollte nicht zögern einzutreten. Alle anderen müssen sich mit einem Blick durch das Gitter begnügen, das den Eingang versperrt, uns aber dennoch den entscheidenden Blick auf die linke Wand des Langhauses gewährt. Dort entdecken wir eine an das Kreuz geschlagene Frau mit Krone, die überdies einen langen Bart trägt. Es ist eine im bayrischen Raum sehr seltene Darstellung der heiligen Kümmernis, deren eigentlicher Name Wilgefortis war. Von dieser bemerkenswerten Heiligen wird erzählt, dass sie einst die Tochter eines heidnischen Königs in Portugal gewesen sei, die sich zum Christentum bekehrte. Um der Heirat mit einem heidnischen Prinzen zu entkommen, bat sie Gott um Hilfe. Dieser ließ ihr einen Bart wachsen, der sie so entstellte, dass der auserkorene Prinz dankend ablehnte. Der Vater war außer sich vor Zorn, ließ seine eigene Tochter in Lumpen kleiden und ans Kreuz schlagen, damit sie ihrem himmlischen

Bräutigam noch mehr gleiche. Noch vom Kreuze herab predigte die Märtyrerin und bekehrte viele Menschen, am Ende sogar ihren Vater. Der bereute seine Tat, doch es war zu spät – Wilgefortis starb. Da ließ er sie in kostbare Gewänder hüllen und errichtete zur Buße eine Kirche.

Des Weiteren ist eine Geschichte überliefert, die von einem Spielmann handelt, der eines Tages vor dem Bildnis der heiligen Wilgefortis, die man auch Kümmernis nannte wegen der Qualen, die sie hatte erdulden müssen, mit seiner Geige aufspielte. In diesem Bildnis war Wilgefortis mit goldenen Schuhen bestückt und offenbar gefiel der Heiligen im Himmel das Spiel des Musikanten so gut, dass sie einen der Goldschuhe von dem Bildnis herunterfallen ließ. Der Spielmann erkannte die Gabe sofort und nahm den Schuh dankend an. Natürlich wurde der Goldschuh bald vermisst und als man ihn bei dem armen Spielmann fand, bezichtigte man ihn des Diebstahls und wollte ihn hinrichten lassen. Auf seinem letzten Gang kam er mit seinen Wächtern auch an dem Bildnis vorbei. Da bat der Geiger, ein letztes Mal zu Ehren seiner Wohltäterin aufspielen zu dürfen. Kaum hatte er aber seinen Bogen angesetzt und der erste Ton erklang, fiel auch der zweite Schuh herab. Da war klar: Der Spielmann besaß den Schuh zu Recht, denn er war tatsächlich ein Geschenk der heiligen Kümmernis.

Natürlich lohnt sich auch ein Blick auf den Hochaltar, auf dem wir in der Mitte den Schutzherrn der Kirche sehen, den heiligen Nikolaus von Myra, an seinen Seiten die heilige Katharina und der heilige Ulrich. Den Friedhof umgibt eine ganz besonders friedliche Aura. Wenn es wahr ist, dass die ersten Christen, die Bayern missionierten, sich ganz bewusst für die Errichtung ihrer Gotteshäuser Plätze ausgesucht haben, die auch von den heidnischen Vorfahren als heilig angesehen wurden, dann trifft dies sicher auch auf diesen Platz zu. Es ist zudem bemerkenswert, dass die Kirche nicht oben auf der Höhe errichtet wurde, wie man vielleicht erwarten sollte, sondern sich gewissermaßen eine Etage tiefer in respektvollem Abstand befindet. Möglicherweise zeugt dies davon, dass der kraftvolle Platz oben auf der Ilkahöhe mit Ehrfurcht betrachtet und deshalb nicht angerührt wurde. Dies schafft ein ganz anderes Bild von der Christianisierung dieser Gegend als die Vorstellung, die Missionare hätten die alten Kultplätze in erster Linie okkupiert, um den alten Glauben zu vertreiben. In Bayern scheint dieser Prozess etwas anders verlaufen zu sein als in anderen Gegenden Deutschlands, in denen Christus den unbeugsamen Heiden durchaus mit Feuer und Schwert beigebracht wurde. Maßgeblich waren die iroschottischen Mönche, die vom 6. bis zum 8. Jahrhundert unabhängig von Rom ihre Missionstätigkeit aufnahmen und ausgehend von den Britischen Inseln Mitteleuropa das Christentum brachten und auch nach Bayern kamen. Wenn man die Eigenheiten des keltischen Christentums kennt, dann weiß man, dass mit heidnischen Traditionen eher sanft umgegangen wurde. An den Kultplätzen, die die wandernden Mönche aus Irland und Schottland vorfanden, gab es zwar schon lange keine Kelten mehr, aber sehr wahrscheinlich wurden sie von der einheimischen Bevölkerung immer noch als heilige Plätze erinnert und deshalb verehrt. Die selbst aus einer wesentlich lebendigeren keltischen Tradition stammenden Mönche erkannten diese Plätze natürlich und machten sie bewusst zum neuen spirituellen Mittelpunkt der Gemeinde – weniger also, um sie zu zerstören, als um die Kraft dieses Ortes weiter zu nutzen.

St. Nikolaus ist so ein alter Platz, im Schatten eines noch größeren Kraftortes. Aber vielleicht ist hier die beeindruckende Wirkung des schlafenden Drachen noch viel besser wahrzunehmen als unmittelbar auf ihm selbst. Hier können wir uns in seinen Anblick versenken. Betrachten wir auch einige der Grabsteine und Kreuze auf diesem Friedhof, der übrigens noch eines der wenigen in Bayern zu findenden Beinhäuser beherbergt. Gleich neben dem östlichen Ausgang des Friedhofs entdecken wir ein schmiedeeisernes Kreuz, das vom heiligen Georg gekrönt wird, wie er gerade den Drachen tötet. Darunter wurden in das Kreuz zwei weitere Drachenköpfe eingearbeitet, die sich ganz lebendig nach oben recken …

Wir verlassen den Friedhof durch das Tor im Osten und erreichen, nachdem wir an einer Eibenhecke vorbeigegangen sind, den großen Parkplatz der Gaststätte. Diesen lassen wir rechts liegen und wandern zielstrebig auf den Weg zu, der uns an der Flanke der Ilkahöhe wieder zurückführt – diesmal betrachten wir den liegenden Drachen von unten. Wir folgen eine Weile der prächtigen Allee aus Linden und Pappeln, bis rechts ein Pfad in den Wald abzweigt, der leicht übersehen werden kann. Wer jetzt auf der Monatshauser Straße steht, ist zu weit gegangen … Der Pfad führt über Wurzeln und Steine durch den Wald wieder Richtung Tutzing. Abrupt stehen wir vor der Lindemannstraße, die wir überqueren, und biegen links in eine Straße namens Kellerwiese. Deren leichter Kurve folgen wir bis zur Herrestraße, in die wir links einbiegen. Kurz bevor diese in einer Sackgasse endet, zweigt ein Fußpfad rechts ab und führt weiter nach unten bis zu einer Bahnbrücke, die wir unterqueren. Wir folgen der Lindemannstraße auf dem Bürgersteig, bis sie in die Hauptstraße mündet. Wir überqueren diese und stehen am Fuß des Johannishügels, der sich rechts von uns Richtung Süden erstreckt. Wir gehen den Pfad hinauf auf den Grat des Hügels und genießen erneut den herrlichen Ausblick auf die Berge, diesmal befinden wir uns nicht ganz so hoch, dafür in unmittelbarer Nähe des Sees. Nach wenigen Metern erreichen wir eine Baumgruppe, darunter Bänke. Hier unter den Bäumen steht eine überlebensgroße Statue des heiligen Johannes Nepomuk.

Wer war dieser Heilige? Johannes wurde um das Jahr 1340 in Pomuk geboren, einer Kleinstadt im heutigen Tschechien. Johannes »ne Pomuk« (»aus Pomuk«) wirkte unter anderem als Domherr in Prag und machte sich durch sein resolutes Auftreten für die Rechte der Kirche nicht gerade beliebt bei König Wenzel – dafür umso beliebter beim Volk. Als nun die Königin von Böhmen Johannes als ihren Beichtvater auswählte, wollte Wenzel ihn zwingen, das Beichtgeheimnis zu brechen. Johannes weigerte sich bis in den Tod: Er starb als Märtyrer unter der Folter im

Jahre 1393. Daraufhin warf man ihn in die Moldau. Die Legende will es, dass fünf Sterne zum Fundort der Leiche führten und Johannes im Prager Veitsdom bestattet werden konnte. 1683 wurde ihm auf der Prager Karlsbrücke ein Denkmal gesetzt – dies machte ihn zu einem bedeutenden Brückenheiligen. So steht er für die Liebe, die eine Brücke zwischen den Herzen schlägt, und gebietet über die Naturgewalten des Wassers. In dieser Funktion begegnet er uns auch auf dem Johannishügel: als Schutzherr vor Seenot durch Gewitter. Er hält das Kruzifix fest in der Hand und sein Haupt wird von sieben Sternen umkränzt – das ist ungewöhnlich, denn üblicherweise wird der Heilige nur mit den fünf Sternen umkränzt, die den Weg zu seinem Leichnam wiesen. Er ist übrigens der einzige Heilige neben der Jungfrau Maria, dessen Heiligkeit durch Sterne symbolisiert wird. Manchmal werden diese auch mit den fünf Buchstaben des Wortes TACUI – »ich habe geschwiegen« – in Verbindung gebracht. Der heilige Johannes Nepomuk schützt nicht nur vor den Gefahren des Wassers und ist ein Heiliger der Brücken, sondern er ist auch der Patron der Verschwiegenheit. Er ist der Hüter der Geheimnisse, die wir in unseren Herzen tragen, und der Hüter des Vertrauens, das andere in uns gesetzt haben.

Ebenso verschwiegen ist dieser kraftvolle Ort unter dem Schutz der mächtigen Buchen. Ein Ort, an dem das Sprechen verstummt und wir ganz in uns hineinhorchen möchten, während sich unser Auge in den schneebedeckten Gipfeln der Berge verliert. Hinter uns schenkt Johannes Nepomuk uns die Kraft, für unsere Ideale einzustehen und uns selbst treu zu bleiben – egal, wie stürmisch die See auch sein mag.

 Wir laufen weiter Richtung Süden, steigen den Hügel hinab und wenden uns an seinem Fuße gleich nach links, um an seiner Seeseite im Schatten einer weiteren wunderschönen Lindenallee den Rückweg anzutreten. Etwa an der Stelle, an der nun über uns der heilige Johannes steht – eine Treppe führt von hier aus zu ihm hinauf –, betreten wir rechts den Kustermannpark. Nun können wir am Seeufer entlang durch diese Anlage spazieren, bis wir an ihrem Nordende wieder auf die Hauptstraße stoßen, die wir überqueren, um über den Gröberweg zur Bräuhausstraße zu gelangen, in die wir rechts abbiegen, um dann an der nächsten Gabelung links zu gehen, um den Bahnhof und damit unseren Ausgangsort zu erreichen.

■ ANFAHRT MIT DEM AUTO

Auf der A 95 kommend, fahren Sie bis zur Ausfahrt nach Starnberg. Dort folgen Sie der A 952 bis Starnberg und später der B 2 durch den Ort. Noch vor dem Ortsausgang biegen Sie links in die Dinardstraße Richtung Possenhofen ab. Auf der nun folgenden Possenhofener Straße bleiben Sie, bis Sie Tutzing erreichen. Dort folgen Sie der Beschilderung zum Bahnhof.

■ ANFAHRT MIT ÖFFENTLICHEN VERKEHRSMITTELN

Tutzing ist einfach mit der S-Bahn von München aus zu erreichen.

■ EINKEHRMÖGLICHKEIT

Das »Forsthaus Ilkahöhe« mit seinem prächtigen Panoramablick eignet sich hervorragend für eine Rast.

■ TIPP

Auf dem Hin- oder Rückweg kann ein Spaziergang über die Roseninsel angeschlossen werden (siehe dazu das Kapitel »Ausflug auf die Insel der Seligen«).

Ausflug auf die Insel der Seligen

6

Zwar heißt es, der Starnberger See sei von furchterregenden Ungeheuern bewohnt, doch die meiste Zeit zeigt er sich von seiner lieblichen Seite: An ihm treffen sich Jung und Alt, um die Schönheit der Natur zu genießen – und vielleicht auch, um sich an einem der lauschigen Plätze mit Blick auf das atemberaubende Alpenpanorama näherzukommen. Wenn der Himmel sein weiß-blaues Gewand angezogen hat, ein sanfter Wind über das Wasser streicht und das Schilf leise wiegt, lädt der See zu einem Stelldichein an seinen Ufern oder auf der in Blumenduft gehüllten Insel des Sees, der Roseninsel, ein.

LÄNGE:	ca. 9 Kilometer
DAUER:	2 Stunden (reine Gehzeit)
SCHWIERIGKEIT:	leicht

WEGBESCHREIBUNG

Um auf die Roseninsel zu gelangen, die einzige Insel im Starnberger See und zugleich ein mystisches Kleinod, können wir es uns einfach machen und mit der S-Bahn nach Feldafing fahren, um von dort in 20 Minuten durch den Park zum Glockensteg am Seeufer zu gelangen. Doch wenn wir tiefer in die Atmosphäre des Starnberger Sees eintauchen wollen, lohnt es sich, ein paar Schritte zu gehen und die Tour in Starnberg zu beginnen.

Von der S-Bahn-Station aus gehen wir durch die Unterführung direkt an den See und wenden uns auf der Seepromenade nach rechts. Wir folgen dem Uferverlauf, bis wir kurz nach dem Münchener Ruder- und Segelverein nach rechts in die Unterführung abbiegen und unseren Spaziergang auf der Possenhofener Straße fortsetzen. Nach nicht einmal 400 Metern zweigt die Wilhelmshöhenstraße ab, der wir, vorbei an schönen Villen, folgen, bis wir auf den Oberen Seeweg stoßen, in den wir nach links einbiegen. Sobald wir den Bahndamm wieder überquert haben, macht die Straße eine leichte Linkskurve und wir biegen scharf rechts in den Moritz-von-Schwind-Weg ein, der uns bald in einen schönen Wald führt. Nach einer Weile folgen wir der Beschilderung zum See, biegen links ab und erreichen einen Parkplatz, den wir überqueren. Über die Hauptstraße kommen wir zu einem Picknickplatz. Wir sind in Possenhofen und stehen nun wieder direkt am See, von wo aus wir am Ufer entlang durch eine Parkanlage gehen können, wobei Bänke immer wieder dazu einladen, die herrliche Aussicht auf den See zu genießen.

Vielleicht können Sie genau gegenüber auf der anderen Seite des Sees Schloss Berg ausfindig machen, jene Sommerresidenz von König Ludwig II., die auch zu seinem letzten Domizil wurde, bevor er unter mysteriösen Umständen am 13. Juni 1886 dort den Tod im See fand. Möglicherweise ist hier eine geeignete Stelle, um den Starnberger See und seine besonderen Sagen besser kennenzulernen.

Der Starnberger See ist ein Ort der Liebe und viele Romanzen haben ihren Anfang hier gefunden – zuweilen aber auch ihr tragisches Ende: Vor langer Zeit verlor die schöne Tochter des Schlossherrn von Berg ihr Herz an einen einfachen Fischerssohn aus Starnberg, einen Jüngling von einnehmender Schönheit. Auch er verliebte sich auf den ersten Blick in das Mädchen. Ohne Aussicht, dass diese Verbindung unter den damaligen gesellschaftlichen Bedingungen jemals akzeptiert werden könnte, musste sich das Liebespaar im Verborgenen treffen. Jede Nacht stahl sich das Mädchen aus dem Schloss, schlich an das Ufer des Sees und ruderte mit einem im Schilf versteckten Boot an eine bestimmte Stelle im See, wo bereits ihr Liebster wartete.

Dieses Versteckspiel trieben sie Nacht für Nacht, Woche um Woche, bis dem Schlossherrn schließlich das veränderte Wesen seiner Tochter ins Auge sprang. Sie wirkte am Tage völlig übermüdet und lustlos und nahm am gesellschaftlichen Leben überhaupt nicht mehr teil. Fragen wich sie aus, schwieg und zog sich zurück. Nichts war aus ihr herauszubekommen. Der Vater beschloss nun, der Sache auf den Grund zu gehen, und setzte einen Diener auf seine Tochter an. Der sollte sie beobachten und ihr heimlich folgen.

Es dauerte nicht lange und der Lakai hatte die Wahrheit über die Grafentochter herausgefunden. Als der Vater von der verbotenen Liebe hörte, war er außer sich vor Zorn. Ohne zu zögern ließ er seine Tochter in ihr Zimmer sperren und scharf bewachen – sie sollte ihren geliebten Fischerjungen nie wiedersehen.

Dieser ruderte wie jede Nacht an den vereinbarten Treffpunkt, doch seine Geliebte tauchte nicht mehr auf. Zwar befürchtete er, dass ihre geheime Beziehung ans Licht gekommen war und der Vater seine Liebste nun gefangen hielt, doch die Hoffnung stirbt zuletzt – und so begab er sich unverdrossen jede Nacht an dieselbe Stelle im See, harrte zwischen Sehnsucht und Verzweiflung, bis der Morgen anbrach. Erst dann gab er sein Warten auf, nur um in der kommenden Nacht wieder auf den See hinauszurudern.

40 Nächte lang fand sich der junge Fischer am Treffpunkt ein – ohne ein Lebenszeichen seiner Geliebten. In der 41. Nacht brach ein Unwetter über den See herein. Trotz des stürmischen Windes und des aufgewühlten Wassers ruderte er wieder auf den See hinaus. Diesmal aber erfasste eine gewaltige Welle sein Boot und zog ihn in die Tiefe. Auf dem Grund des Sees fand der treue Liebende seinen Tod.

Die Sage will es, dass zur selben Zeit, als der Fischerssohn sein Leben im eisigen Wasser verlor, im Schloss Berg ein Blitz einschlug und den Dachstuhl in Brand setzte. Die Wachen, die mit der Aufgabe betraut waren, die Grafentochter nicht aus den Augen zu verlieren, mussten ihren Platz verlassen, um bei den Löscharbeiten zu helfen. Diese Gelegenheit nutzte das Mädchen zur Flucht. Sie lief an den See hinunter, stieg in ihr Boot und ruderte gegen Wind und Wetter ankämpfend an die gewohnte Stelle. Dort angekommen, stockte ihr der Atem: Das Boot ihres Geliebten schwamm herrenlos auf dem Wasser, wie eine Nussschale vom Sturmwind hin und her getrieben. Sie begriff, was geschehen war, und es zerriss ihr das Herz. Sie wollte nicht mehr leben und stürzte sich in die Fluten, um wenigstens im Tode mit ihrer großen Liebe vereint zu sein. Die Leichen der beiden wurden nie gefunden. Überhaupt, so sagt man, gibt der See seine Opfer niemals wieder frei. Wer heute mit seinem Boot über den See fährt und an jener Stelle vorbeikommt, kann die Liebenden vielleicht am Grunde des Sees ihre Hochzeit feiern sehen. Und immer, wenn wieder jemand sein Leben in den unberechenbaren Fluten des Sees verliert, sagen die Leute: »Der ist auf die Hochzeit der beiden eingeladen.«

 Wir setzen unseren Weg fort, passieren das Schloss Possenhofen mit seinen vier markanten Zinnentürmen. Es kann nicht besichtigt werden, denn es befindet sich in Privatbesitz. Hier verbrachte Sisi, die spätere Kaiserin Elisabeth von Österreich, ihre glückliche Kindheit. Auch später zog es sie immer wieder an diesen magischen Ort ihrer Kindertage. Weiter geht es durch den Schlosspark zur Bootsanlegestelle, die wir links liegen lassen. Wir folgen dem Weg am Ufer entlang, kommen an einem Freibad vorbei und gelangen schließlich durch den Feldafinger Park zum Glockensteg, wo wir die Plätte besteigen, eine Art motorbetriebenen hölzernen Kahn, die entweder schon wartet, um Gäste an Bord zu nehmen, oder mit der Glocke am Steg gerufen werden kann, wenn sie gerade an der Roseninsel angelegt hat. Nach einer kurzen Überfahrt erreichen wir schließlich das Eiland.

Der Starnberger See hat nur eine einzige Insel, die Insel Wörth, heute besser als »die Roseninsel« bekannt. Wie ein grüner Smaragd liegt diese kleine Insel in der Bucht vor Feldafing am Westufer des Sees, nur etwa 170 Meter vom Ufer entfernt. Eine Magie der Liebe umgibt das nur knapp 2,5 Hektar große Stück Land im See, die auch den heutigen Besucher schnell in ihren Bann schlägt. In den Worten des Münchner Dichters Lorenz von Westenrieder: »… groß genug wäre die Insel, um darin irgendeinen Kummer zu begraben, auch groß genug, zwei Herzen aufzunehmen, die jetzt in der süßesten und glücklichsten Schwärmerei ihrer Seelen nichts bedürfen als sich selbst und nichts wünschen als Gebüsche, ihr Glück vor den Augen des Neids zu verbergen.«

Sobald wir den Fuß von der Plätte auf dieses verzauberte Eiland gesetzt haben, umfängt uns die vom Duft der Rosen schwere Luft – vorausgesetzt natürlich, wir besuchen die Insel im Sommer –, vielleicht begrüßt uns auch der Schrei der Pfaue, die zwischen den Büschen ihr Prunkkleid hinter sich herschleppen. Dieser Ort war schon lange, bevor König Maximilian II. von Bayern ihn zu einer Sommerresidenz umgestalten ließ und 1850 die »Roseninsel« begründete, ein magischer Ort. Schon viele Hundert Jahre zuvor besuchten Menschen die Insel und lebten auf ihr. Früheste Siedlungsspuren führen uns fast 4000 Jahre zurück in die Jungsteinzeit. Funde, wie ein besonders schön gearbeiteter Steindolch oder eine kultische Scheibe mit Sonnensymbolen aus Hirschgeweih, können heute in der Prähistorischen Staatssammlung in München betrachtet werden.

Generation um Generation bewohnte die Insel: von der Bronzezeit über die Zeit der Kelten bis in die Römerzeit hinein. Aber nicht nur das diesseitige Leben fand seinen Platz auf der Insel, sondern auch das jenseitige. Neben einer Gräberstätte haben die Menschen der Frühzeit auch eine heilige Kultstätte angelegt. Noch die Römer sollen dieser Tradition gefolgt sein und einen dem Äskulap, dem Gott der Heilkunst, geweihten Tempel auf der Insel errichtet haben. Es ist gut vorstellbar, wie Menschen hier bei den Priestern des Äskulap Rat bei Erkrankungen suchten, indem sie sich ihre Träume deuten ließen. Es liegt nahe, dass die Römer einen solchen Tempel auf bereits bestehenden Heiligtümern errichtet haben, in diesem Falle der Kelten. Schon zu ihrer Zeit muss diese Insel eine heilige Insel gewesen sein.

Sicher war die geschützte Lage im See eines der Hauptkriterien für die Wahl dieser Insel als Siedlungsort, aber auch der symbolische Wert der Lage im See darf nicht unterschätzt werden, galten Inseln doch von jeher als besondere Stätten.

Wenn wir die Roseninsel besuchen, sollten wir uns bewusst machen, dass wir einen heiligen Ort betreten. Inseln waren schon immer von besonderem kultischen Status, vor allen Dingen als Insel der Toten. In der griechischen Mythologie begegnen uns die elysischen Gefilde, eine vom Ozean umspülte Insel, auf die jene Helden entrückt werden, die von den Göttern geliebt wurden. Diese »Insel der Seligen« wird beschrieben als ein Paradies immer währenden Frühlings: Musik erfüllt die Luft, auf Rosenwiesen laben sich die Seelen an Nektarquellen, die alles Leid vergessen machen. Die Kelten berichten uns von der im Nebel verborgenen Insel Avalon, auf die sich der mythische König Artus zurückgezogen haben soll, oder von der geheimnisvollen Insel der Jugend, Tir Nan Og, auf der Alter, Tod und Krankheit unbekannt sind. Die Sage erzählt von »drei verwunschenen Fräulein«, die vor langer Zeit die Insel Wörth bewohnten. Sie sollen auf der Insel erlöst worden sein und dort auch begraben liegen. Doch bis zum heutigen Tag liegt der genaue Ort ihrer Grabstätten im Dunkeln.

Bevor der König Wörth zu seiner Roseninsel machte, lebten dort über Generationen hinweg die Inselfischer. Neben dem Fischfang bewirtschafteten sie das Eiland, ernteten Getreide, hielten Kühe und Federvieh und pflanzten Obstbäume. Anfang des 19. Jahrhunderts erhielten die Fischer sogar eine Gastwirtschaftskonzession für ihr Fischerhaus und in kurzer Zeit wurde die Insel zu einem beliebten Ausflugsziel.

Ein romantischer Anziehungspunkt war auch die Ruine einer alten Kirche, die nahe am Nordufer stand. Von ihr schien schon damals eine mystische Kraft auszugehen, wie wir zeitgenössischen Berichten entnehmen können. Es wurde vermutet, dass sie und ihre möglichen Vorgängerbauten auf einer alten heidnischen Kultstätte errichtet wurden, weswegen sie im Volksmund auch einfach das »Heidenkirchlein« genannt wurde. Möglicherweise war sie eine der ersten Steinkirchen im nördlichen Voralpenland und in ihrer Bauweise zeigte sie große Ähnlichkeiten mit den frühchristlichen Steinkirchen Irlands. Dies weist darauf hin, dass sie wohl im Zuge der Missionierung durch die irischen Wandermönche im 12. Jahrhundert errichtet wurde, die bevorzugt heidnische Stätten für den Bau ihrer Kirchen auswählten.

Über zwei Brücken, die von der Feldafinger Bucht auf die Insel führten, gelangten die Bewohner des Festlandes zur Kirche, in deren Nähe sich auch ein Inselfriedhof befand. So setzte sich die lange Tradition der Insel als heiliger Ort bis in die christliche Zeit fort. Im Dreißigjährigen Krieg wurden die Brücken zerstört und die Insel verwüstet. Von der Kirche blieb nichts als eine Ruine.

Wo ist diese Ruine heute? Sie wurde 1863 abgerissen und ihre Steine fanden bei der Errichtung neuer Gebäude Verwendung. Die Ostwand der Kirche wurde als Westwand des jetzigen Gärtnerhauses integriert und ist noch heute gut erkennbar. Demzufolge entspricht der Platz unmittelbar vor dieser Wand dem alten Altarraum der Kirche und damit dem mystischen Mittelpunkt der Kultstätte. Die Gebeine des Inselfriedhofs wurden an der Feldafinger Pfarrkirche beigesetzt.

Der fromme Naturfreund Maximilian II. kaufte die Insel im Jahre 1950 der hiesigen Fischerfamilie ab, um einen Garten voller Rosen zu errichten, den er als Vorposten seines ehrgeizigen Projektes eines Schlosses in Feldafing auserkoren hatte. Aus dem Schloss wurde nichts, doch die Gestaltung der Insel Wörth zur Roseninsel war ein voller Erfolg. Er ließ eine Villa im oberitalienischen Landhausstil und mit Anklängen an bayerische Gebirgshäuser errichten, das Casino, von dessen Turmzimmer aus man einen atemberaubenden Blick über den See bis hin zu den Alpen in der Ferne genießen konnte. Sein Landschaftsgärtner war kein Geringerer als der berühmte Peter Joseph Lenné, dessen Rosengarten im Potsdamer Charlottenhof das klare Vorbild für die Anlage der Roseninsel wurde. Er legte ein Oval mit 2000 Rosensorten an, deren Vielfalt an Farben und Düften betörte und der Insel endgültig ihren Namen verlieh: die „Roseninsel".

Doch der eigenwilligste und bedeutendste Gast auf der Roseninsel war wohl Maximilians Sohn Ludwig, der bayrische Märchenkönig, den die romantische Idylle immer wieder lockte. Sicherlich war Ludwig II., jener sensible und wenig an den Wirklichkeiten

der Welt interessierte König, einer, der die geheimnisvolle Kraft der Roseninsel zu schätzen wusste. Und so machte er die Insel zum verschwiegenen Treffpunkt für sich und seine über alles geliebte Cousine Elisabeth.

Es steht fest, dass Elisabeth und Ludwig ein besonderes Band der Liebe zusammenhielt, das wohl eher auf einer tiefen Seelenverwandtschaft beruhte als auf erotischer Leidenschaft. Der König und die Kaiserin fühlten sich auf eine besonders innige Weise einander zugehörig, die jedenfalls zu allerlei Gerüchten Anlass gab. Dazu trug sicherlich auch der geheimnisvolle Treffpunkt auf der Roseninsel bei.

Nur Auserwählte lud Ludwig auf seine Roseninsel ein, wie seinen abgöttisch verehrten Freund Richard Wagner, die Kaiserin Maria Alexandrowna von Russland und Wilhelm IV., König von Preußen. Doch je mehr sich Ludwig den Staatsgeschäften entzog, umso weniger wollte er dieses verzauberte Eiland mit anderen teilen. Wenn er mit seinem Raddampfer »Tristan« von Berg aus einen Abstecher auf die Roseninsel machte, suchte er dort die Einsamkeit, frei von höfischem Protokoll. Hier gab er sich ganz seiner Fantasie hin. Nur seine geliebte Cousine Elisabeth war ein gern gesehener Gast. Sisi weilte mehrere Wochen im Jahr in Possenhofen, ihrem Heimatort. Von dort aus ließ sie sich sooft es ging auf die Roseninsel übersetzen, ihren auserkorenen Lieblingsplatz. Wenn der König selbst nicht anwesend war, schrieb sie ihm Briefe und Gedichte, die sie in einem Geheimfach des Schreibsekretärs versteckte – »von der Taube an den Adler«.

Doch lassen wir einen Augenblick Geschichte und Geschichten der Roseninsel hinter uns und lenken unsere Schritte zu den interessantesten Orten der Insel. Ihr Kernstück ist der ovale Rosengarten, der nach einem Entwurf des berühmten Gartenarchitekten Lenné 1851 angelegt wurde. Er befindet sich östlich des Casinos und ist genau von Westen nach Osten ausgerichtet – auf den Sonnenaufgang. So spielt der Rosengarten auf Aurora, die Göttin der Morgenröte an, die jeden Morgen mit ihren Rosenfingern das Morgenrot an den Himmel zaubert. Wenn sie sich in aller Frühe erhebt, sich in ihren safranfarbenen Mantel hüllt und ihre Rosse »Glanz« und »Schimmer« an ihren goldenen Wagen schirrt, beginnt ein neuer Tag auf der Erde. Der Sonnenaufgang ist das Sinnbild der Geburt allen Lebens und des Urzustandes des Paradieses noch vor dem Sündenfall. Betrachten wir die Anlage genauer: Vier Rundwege, geteilt durch zwei Achsen, lassen zwölf Beete entstehen, die sich um die zentrale Säule gruppieren – vielleicht eine Anspielung auf die Insel Kythera, Heimat der Liebesgöttin Aphrodite, die man sich in der Renaissance als in Kreisen angelegter Garten vorstellte.

Die Botschaft der Rose ist weithin bekannt. Fast jeder Mensch auf dieser Welt weiß, was es bedeutet, rote Rosen geschenkt zu bekommen. Gibt es einen besseren Fingerzeig auf Liebe und Zuneigung? Die Rose ist die Blume der Aphrodite. Als diese aus dem Meer geboren wurde, legte sich der Schaum der Brandung schützend um ihre Hüften. Kaum war sie den Wassern entstiegen, verwandelte er sich in Girlanden aus weißen Rosen. In Weiß verkörpert die Rose die unschuldige, reine und spirituelle Liebe, in Rot hingegen die sinnliche, erotische und leidenschaftliche Liebe. Schon in der Antike war sie die Blume der Prostituierten, eine Tradition, die sich bis ins Mittelalter erhalten hat: So bezeugen Straßennamen wie »Rosengasse« oder »Rosenwinkel« noch heute, wem man hier begegnen konnte.

Keine andere Blume verkörpert die Licht- und Schattenseiten der Liebe so eindrucksvoll: in Form, Duft und Farbe der Blüte erzählt sie uns vom Liebesglück und in ihren Dornen zeigt sie uns das Liebesleid. »Keine Rose ohne Dornen«, heißt es – und wir meinen damit, dass es kein Licht ohne Schatten gibt, keine Lust ohne Schmerz.

Die kurze Dauer ihrer Blüte macht die Rose auch zu einem Symbol für die Vergänglichkeit der Liebe und die Flüchtigkeit der Schönheit jedes Augenblicks. Alles Irdische muss vergehen – und übrig bleibt nichts als die Erinnerung. In diesem Sinne steht die Rose auch für Sterblichkeit und Tod. Geliebte Tote werden mit Rosen geschmückt und Trauernde tragen Rosen in ihren Händen.

In der germanischen Tradition ist die fünfblättrige Heckenrose zwar der Liebesgöttin Freya geweiht, die auch »Mutter Rose« genannt wurde, doch die wilde rote Rose stand in erster Linie auch mit Kampf, Blut und Tod in Verbindung. Wunden, die mit einem Schwert geschlagen wurden, nannte man »Rosen« und starb ein Krieger durch das Schwert, so hatte er »eine Rose bekommen«. Vielfach markieren Flurnamen wie »Rosengarten« ehemalige Schlachtfelder und bezeugen, dass dort Tote begraben wurden. In die Scheiterhaufen, auf denen die Germanen ihre Leichen verbrannten, schichteten sie Rosenholz, denn die wilde Rose war für sie das Symbol des Lebens nach dem Tode.

Der germanische Gott Loki, mal Bösewicht, mal gütiger Herrscher über Luft und Feuer, bringt im Frühling die vom Winter in Beschlag genommene Erde zum »Rosenlachen«: Sobald die Wintergöttin lacht, schmelzen Schnee und Eis und die Erde schmückt sich mit den Rosen des Frühlings. Die Rose wird hier zum Symbol des neuen Lebens, sie ist Sinnbild für Leben und Tod – und für die Kraft der Liebe, die den Tod überwindet.

Die fünf Blätter der Rosenblüte offenbaren ein Geheimnis: Verbindet man jede zweite Spitze miteinander, erhält man ein Pentagramm, den fünfzackigen Stern, auch Drudenfuß genannt. Diesem Zeichen wird eine große Zauberkraft zugesprochen und es soll vor bösen Geistern und Dämonen schützen. Auch steht es für den Menschen selbst, denn mit seinen fünf Extremitäten beschreibt auch er ein Pentagramm.

Die Glassäule in der Mitte des Gartens verdient besondere Aufmerksamkeit. Tatsächlich markiert sie nicht nur den Mittelpunkt des Rosenrondells, sondern auch das Zentrum der gesamten Insel.

Die fünf Meter hohe weiß-blaue Glassäule war ein Geschenk des Preußenkönigs Wilhelm IV. an seine Cousine Marie, die Mutter Ludwigs – ein Meisterwerk des Kunsthandwerks und eine ganz besondere Attraktion. König Wilhelm verehrte zwei weitere dieser filigranen Kostbarkeiten den beiden anderen Frauen seines Herzens: seiner Gattin Elisabeth und seiner Schwester Charlotte,

die spätere Kaiserin Alexandra von Russland. So wird die Säule zum Symbol der Verbundenheit – und wieder sind es drei Frauen, in denen diese Verbundenheit zum Ausdruck kommt.

Doch was stellt die vergoldete Statuette auf der Spitze der Säule dar? Es handelt sich um ein Mädchen, das einen Papagei auf der Schulter trägt und ihm Futter reicht. In der indischen Symbolik ist der Papagei das Reittier von Kama, dem Gott der erotischen Liebe, und seine Schönheit macht ihn zu einem Symbol von Lust und Leidenschaft. In der christlichen Ikonografie wird er zum Begleiter der Jungfrau Maria, denn sein Schrei soll dem »Ave«-Ruf ähneln. Der bunte, Lebensfreude ausstrahlende Vogel steht auch für Freiheit. Flattert er frei herum, dann steht er für den Zustand vor der Ehe, in dem sich der Mensch ungebunden und frei seiner Sinnlichkeit hingibt, während er im Käfig zum Sinnbild der Ehe wird – und damit zum Symbol der »süßen Sklaverei« der Liebe.

Eine Säule aus Glas trägt die Liebe, die gerade im Begriff ist, von einem Mädchen eingefangen zu werden. So schillernd, sinnlich und lebendig die Liebe ist, so sehr sehnt sie sich nach Bindung. Liebe und Freiheit – das scheint ein ebensolches Paradox zu sein wie eine Säule aus Glas, die nichts stützt außer sich selbst. Aber jeder von uns kennt das: Liebe ist stark, weil sie so zerbrechlich ist, sie hält aus, weil sie so zart ist. Und keiner anderen Macht opfern wir so bereitwillig unsere Freiheit. Die Säule steht im Mittelpunkt des Gartens und der Insel: Alles konzentriert sich auf sie. Spüren Sie für einen Moment dieser zentrierenden Kraft der Glassäule nach.

 Auf der Roseninsel gibt es noch sehr viel mehr zu entde-cken, unter anderem ein wunderschönes Rondell aus Lindenbäumen im Nordwesten. Hier findet jeder seinen persönlichen Kraftplatz. Natürlich lohnt auch ein Besuch des Casi-nos, das Ihnen noch tiefere Einblicke in das private Leben des Mär-chenkönigs vermitteln kann. Am Ende führt nur ein Weg wieder von der Insel: Wir müssen uns erneut dem Fährmann anvertrauen, der uns wie Charon über den Styx zurück ans Ufer des Festlandes bringt. Nun können wir wählen, ob wir denselben Weg wieder zurückgehen oder durch den Feldafinger Schlosspark Richtung S-Bahnhof Feldafing spazieren.

■ ANFAHRT MIT DEM AUTO

Auf der A 95 kommend, verlassen Sie die Autobahn an der Ausfahrt nach Starnberg. Dort folgen wir der A 952 bis in den Ort.

■ ANFAHRT MIT ÖFFENTLICHEN VERKEHRSMITTELN

Von München mit der S-Bahn nach Starnberg. Wer nur die Roseninsel besichtigen möchte, kann auch von der S-Bahn-Station Possenhofen oder Feldafing losgehen. Kürzer ist der Weg von Feldafing.

■ EINKEHRMÖGLICHKEIT

Auf der Roseninsel selbst gibt es keine Bewirtung. Zur Einkehr sei eines der zahlreichen Restaurants an der Starnberger Promenade empfohlen. So kann man den Ausflug mit der Aussicht auf den königlichen See abrunden.

■ TIPP

Wer in Possenhofen Station macht, kann im alten Bahnhofsgebäude das Kaiserin Elisabeth Museum besichtigen – nicht nur die Ausstellung ist ein Kleinod, sondern auch das klassizistische Gebäude.

Das bayrische Avalon

7

Andechs, der »Heilige Berg Bayerns«, erinnert in Form und Gestalt an einen anderen mystischen Ort, den Glastonbury Tor in Südengland. Wenn die Nebel um diesen geheimnisvollen Hügel wabern, dann verwandelt er sich in das sagenumwobene Avalon. Wenn der Dunst des Ammersees aufsteigt, dann können wir auch den Andechser Berg mit seinem weithin sichtbaren Kirchturm aus einem Wolkenmeer aufragen sehen – wie eine Insel außerhalb von Raum und Zeit. Und wie in Glastonbury findet sich auch am Fuße des Andechser Berges ein Quellheiligtum …

LÄNGE: ca. 10 Kilometer
DAUER: 3 Stunden (reine Gehzeit)
SCHWIERIGKEIT: leicht, mit gelegentlichen Steigungen

WEGBESCHREIBUNG

Vom Bahnhof in Herrsching gehen wir die Ladestraße Richtung Süden, wenden uns dann nach links und biegen in die Fischergasse ein. Links neben uns plätschert der Kienbach. Nach einer sanften Rechtskurve stoßen wir auf die Mühlfelder Straße, die wir überqueren, um dann gleich links in die Abertstraße einzubiegen. Diese wird zur Andechsstraße. An der

nächsten Kreuzung, unter-
halb einer Kirche, wenden
wir uns nach rechts und biegen in die Schönbichlstraße
ein. Kurz darauf führt linker
Hand die Leitenhöhe nach
oben. Nach wenigen Schritten lassen wir die Häuser hinter uns und folgen dem
Wanderweg nach Andechs.
Wir wandern nun auf dem
alten Pilgerweg über dem
Kiental durch einen herrlichen Wald. Der Weg führt

leicht bergauf und auf einem Grat über knorrige Wurzeln und an
fantastischen Buchen vorbei immer Richtung Süden. Später gesellt
sich unter uns ein etwas befestigterer Wanderweg dazu, der unseren Weg parallel begleitet. Auf diesen können Sie abzweigen, wenn
die Witterung zu nass ist, da die zahlreichen Wurzeln doch recht
rutschig sein können. Nach einer Weile wendet sich der Weg nach
links und stößt auf den Hauptweg. Der Wald öffnet sich und gibt
den Blick frei auf saftige Wiesen, durch die sich der weitere Weg
schlängelt, bis wir eine Siedlung erreichen. Dort folgen wir der Beschilderung und biegen nach links ab, um schließlich eine Treppe zu
erreichen. Zwischen den Bäumen können wir linker Hand schon
unser Ziel sehen, die Klosterkirche von Andechs. Wir überqueren
den rauschenden Kienbach und folgen dem Weg wieder nach Norden und bergauf direkt zum Kloster. Unser Weg endet auf dem
Vorplatz der Kirche.

Die Geschichte von Andechs beginnt in grauer Vorzeit, als sich die
Eismassen des Isar-Loisach-Gletschers zurückzogen und in Bewe-
gungsrichtung des Gletschers tropfenförmige Hügel hinterließen,
sogenannte »Drumlins«, ein Wort, das aus dem Irischen stammt
und »Höhenrücken« bedeutet. Andechs liegt auf einem beson-

ders hohen Drumlin. Es ist gut vorstellbar, dass die einzigartige Lage dieses Hügels hoch über dem Ammersee mit dem weiten Blick über das Land bis zu den Bergen die Menschen schon sehr früh angezogen hat. Nicht selten wurden gerade so auffallende Erhebungen in der Landschaft für Kultstätten ausgesucht, die man aufsuchte, um sich den Göttern näher zu fühlen – wenn sie nicht für Verteidigungszwecke befestigt wurden. Von Andechs wissen wir, dass beides der Fall war und noch ist.

Im 11. Jahrhundert befand sich auf der Anhöhe die Burg der Grafen von Dießen, die sich bald den Namen »von Andechs« gaben und sich im Laufe des Mittelalters zu einem der bedeutendsten Adelsgeschlechter entwickelten. Einige der herausragendsten Persönlichkeiten der damaligen Zeit entsprossen den Grafen von Andechs, darunter im 13. Jahrhundert die heilige Hedwig von Schlesien und ihre Nichte, die heilige Elisabeth von Thüringen, deren Andenken an einer ganz besonderen Stelle auf dem »Heiligen Berg« gepflegt wird, wie wir noch sehen werden.

Überhaupt waren die Andechser Grafen sehr fromme Menschen und sammelten zahlreiche sogenannte »Heiltümer«, kostbare Reliquien von hochverehrten Heiligen. Damit begonnen hatte bereits der Ahnherr der Andechser, Graf Rasso (siehe dazu das Kapitel »Opferstein und Totenkult«), der im 10. Jahrhundert die ersten Kostbarkeiten von den Kreuzzügen mitbrachte, darunter einen Zweig aus der Dornenkrone Christi, ein Stück vom Kreuz und eines vom Schweißtuch. Später waren es vor allem die Heiligen Drei Hostien, die auf der Burg gehütet wurden. Sie machten Andechs bereits im 12. Jahrhundert zu einem berühmten Wallfahrtsort und gelten bis heute, eingefasst in Bergkristalle, als Kernstück der Sammlung. Viele Reliquien gingen über die Jahrhunderte auch verloren. Was noch vorhanden ist, wird heute in der heiligen Kapelle aufbewahrt und gilt als Teil eines der bedeutendsten Reliquienschätze der Christenheit. Dieser Schatz brachte dem Andechser Burgberg seinen Namen »Heiliger Berg Bayerns« ein.

Im 13. Jahrhundert verschwanden die Andechser von der Bildfläche. Zuerst wurde die Burg zerstört, weil die Grafen von Andechs nach dem Mord an König Philipp geächtet wurden. Schließlich starben sie einfach aus. Der Reliquienschatz galt daraufhin als verschollen. Weil aber die Burgkapelle die Zerstörung überstanden hatte, pilgerten ungeachtet dessen immer noch zahlreiche Menschen auf den Andechser Burgberg. Wunder ereigneten sich dort oben: So soll im Jahre 1274 eine blinde Frau auf dem »Heiligen Berg« ihre Sehkraft wiedererlangt haben. Die Wallfahrt war so beliebt, dass die Kapelle schließlich erweitert werden musste.

Dann, an einem Dienstag nach dem Dreifaltigkeitssonntag im Jahre 1388 geschah das Unfassbare. Gerade las der benediktinische Kaplan in der Kapelle die Messe, da huschte eine Maus aus einer kleinen Öffnung im Altar die Treppen hinunter. Das Merkwürdige: Sie schleifte ein Stückchen Pergament hinter sich her, das sich bei näherer Betrachtung als einer jener Zettel entpuppte, mit denen man früher Reliquien zu beschriften pflegte. Sofort untersuchte man den Altar und begann zu graben. Tatsächlich fand man eine mit Eisen beschlagene Kiste, in der sich unter anderem auch die Drei Heiligen Hostien befanden! Nach mehr als eineinhalb Jahrhunderten hatte man den Heiltumsschatz wiedergefunden – zumindest einen Teil davon. Man überführte den Schatz vorübergehend nach München, bis er schließlich in der auf dem Burgberg eigens zu seiner Betreuung errichteten Benediktinerabtei seine neue alte Heimat fand. Mittlerweile ist die Wallfahrt auf den Andechser Berg die zweitgrößte Bayerns nach Altötting und das Kloster mit seinen angeschlossenen Wirtschaften eines der beliebtesten Ausflugsziele der Umgebung.

Betrachten wir die Kirche, die dem heiligen Nikolaus und der heiligen Elisabeth geweiht ist, von außen. Es handelt sich um eine gotische Hallenkirche, die im 18. Jahrhundert im Stil des Rokoko umgestaltet wurde. An der Südseite befindet sich auf dem Sockel des Turmes ein großes Fresko mit nachtblauem Grund, das eine Sonnenuhr umrahmt. Bei genauerer Betrachtung erkennen wir links und rechts des Zeigers und des Stundenbands Darstellungen der zwölf Tierkreiszeichen der Astrologie! Und nicht nur das:

Um das Band selbst sind die sieben klassischen astrologischen Planeten abgebildet: Jupiter, Mars, Merkur (hier dargestellt als umgekehrtes Venus-Symbol), Mond, Saturn und ganz oben neben der Sonne auch die Venus. Unter dem Band sehen wir links einen Engel und rechts ein in einen dunklen Mantel gehülltes Skelett – Leben und Tod. Sie halten ein Tuch hoch, auf dem zu lesen ist: »Una ex hisce morieris.« Dies kann übersetzt werden mit »In einer von diesen (Stunden) wirst du sterben«. Ob den fröhlichen Besuchern des Andechser Hügels diese düstere Prophezeiung bewusst ist? Wohl weniger. Interessant ist aber allemal zu sehen, dass die heute von der Kirche in weiten Teilen abgelehnte Astrologie in früheren Zeiten offensichtlich ein anerkannter Teil des religiösen Lebens war. Belege dafür gibt es an vielen Kirchen, auch an der Außenmauer des Münchner Frauendoms, in Regensburg und in Landshut. Betrieben die Mönche also Astrologie? Sicher nicht im Sinne der Kunst der Wahrsagung, aber die Systematik der Astrologie faszinierte sie, denn in der symmetrischen Ordnung und ihren heiligen Zahlen spiegelte sich die göttliche Ordnung wieder.

In der Kirche selbst entfaltet sich nach wenigen Schritten die volle Pracht des Rokoko. Es dauert eine Weile, bis man sich in dem überbordenden Prunk aus lichterfülltem Goldglanz zurechtfindet und seine Aufmerksamkeit auf das eine oder andere Detail lenken mag. Am besten sucht man sich einen Platz und lässt das Ganze in Ruhe auf sich wirken. Nach einer Weile wird man merken, wie sich die Verwirrung, die eine solche Vielfalt erzeugt, legt und der Blick ganz konsequent auf den Altarraum gerichtet wird. Ganz oben öffnet sich in der Kuppel ein Himmel voller Heiliger, die sich um die silberne Monstranz mit den Heiligen Drei Hostien im Zentrum des Freskos scharen. Darunter der zweistöckige Hochaltar. Über der Balustrade sehen wir Maria als Immaculata, als die unbefleckt Empfangende, die von Engeln in den Himmel geleitet wird. Von dieser Statue wird folgende Wundergeschichte berichtet: Zur Zeit des Dreißigjährigen Krieges stand diese Figur nicht dort oben, sondern an dem Platz, an dem heute das berühmte Gnadenbild zu sehen ist, also im unteren Teil des Altars. Man hatte das kostbarere Gnadenbild im Klostergarten vor den Plünderungen durch die Schweden versteckt. Diese stürmten die Kirche und weil sie den Heiltumsschatz unter dieser Statue vermuteten, machten sie sich daran, sie herabzureißen – doch vergebens. Die Figur bewegte sich nicht eine Handbreit von ihrem Platz. Egal, wie viele Kameraden sie zu Hilfe holten, die Immaculata blieb wie angewachsen stehen und lächelte die Eindringlinge nur gütig an. In ihrer Wut wollten die schwedischen Soldaten nun die Statue ganz zerstören, doch sie konnten ihr wie durch ein Wunder nichts anhaben. Da packte die Männer die Angst, denn das konnte nicht mit rechten Dingen zugehen. Sie ließen von der Figur ab und zogen von dannen. Diese Geschichte aber festigte den Glauben der Menschen daran, dass der Andechser Berg wirklich ein heiliger Berg sein muss.

Und dann das Gnadenbild selbst, das Ziel aller Wallfahrer: die Gottesmutter. Sie hält im linken Arm das Jesuskind, in der anderen das Szepter, und ihr Haupt ist von zwölf Sternen umkränzt – eine weitere Anspielung auf die zwölf Zeichen des Tierkreises –, während ihre Füße auf der Mondsichel ruhen. Das Christuskind, dessen Kopf von der Schwere der Krone fast ein wenig niedergedrückt aussieht, hält in der einen Hand Weintrauben, während es die andere dem Betrachter entgegenstreckt, um ihm ein paar Früchte zu reichen – eine anrührende Geste der Einladung. Wer sich Zeit nimmt und sich in diesen Anblick vertieft, der kann die tiefe Verbundenheit spüren, die von diesem Standbild ausgeht und den ganzen Raum erfüllt.

Wer nun noch einen Blick auf die Heiltümer werfen möchte, der muss sich zu einer der Führungen anmelden, die regelmäßig stattfinden. Nur so gelangt man in die heilige Kapelle, den ältesten Teil der Kirche. Unbestritten geht allein von der Gegenwart dieser Reliquiensammlung eine eigenartige Kraft aus, besonders natürlich beim Betrachten der silbernen Monstranz mit den Heiligen Drei Hostien in der Mitte des prunkvollen Schrankes. Dies sollte man sich nicht entgehen lassen.

Wir verlassen die Kirche durch den Nordausgang und gelangen in einen Hof mit einem großen Modell des Klosterberges. An der Kirchenwand sehen wir ein Relief. Es zeigt die drei heiligen Frauen, die aus dem Geschlecht von Andechs stammten: die heilige Elisabeth, die heilige Hedwig und die selige Mechthild von Dießen.

Wir verlassen den Hof rechter Hand, wobei wir den Chor der Kirche umrunden. Nun geht es durch die Pforte zum Kloster hinaus, doch bevor wir hindurchgehen, halten wir einen Augenblick inne: Rechts neben der Pforte ist eine Glastür zu sehen, die von den wenigsten Besuchern beachtet wird. Wer diese Tür öffnet, befindet sich unversehens in einem ganz besonderen Raum, der Kapelle der Anna Selbdritt.

Dieser schlichte Raum strahlt eine ruhige Kraft aus, die zu Meditation und Gebet einlädt. Für einen Augenblick können wir uns hier von dem Trubel des Andechser Berges erholen und die wahre Kraft des Ortes spüren. Bis vor wenigen Jahren waren die Innenwände der Kapelle über und über schwarz von dem Ruß der vielen Kerzen, die hier brannten und dem Raum ein eigentümliches Licht und Wärme gaben, die einen an den Schoß der Erde denken ließen. Auch wenn diese Besonderheit der Renovierung zum Opfer gefallen ist, ist die Kapelle immer noch ein »guter Betplatz«, wie die Kraftort-Expertin Dorothea Steinbacher dieses Gewölbe nennt. Die Geborgenheit, die von diesem fast geheimen Ort inmitten der hochfrequentierten Wallfahrtsstätte ausgeht, ist immer noch deutlich zu spüren und gewissermaßen ein wohltuendes Kontrastprogramm zum goldenen Schein der Kirche selbst. Wo der Prunk der Kirche uns in die Höhe tragen möchte, versinken wir hier wie in das Innere der Erde.

Aufmerksamkeit zieht das Standbild von Anna auf sich, der Mutter Marias, die in Miniatur Anna zu Füßen sitzt und ihr Kind in den Armen hält. Kein Wunder, dass wir uns bei so viel mütterlicher Kraft geborgen fühlen. An den Wänden finden wir wieder die drei heiligen Frauen von Andechs: Elisabeth, Hedwig und Mechthild. Ein sehr weiblicher, sehr berührender Ort, an dem man sich eingeladen fühlt, die Augen zu schließen und einfach nur für sich zu sein …

Wer möchte, kann nun eine Stärkung im Andechser Bräustüberl mit seiner Terrasse, die einen herrlichen Blick über das bayrische Voralpenland garantiert, oder im Klostergasthof genießen. Das Andechser Bier ist weltberühmt und gilt unter Kennern als Hochgenuss.

 Frisch gestärkt kehren wir zum Vorplatz zurück, wo wir unseren Rundgang über den Andechser Hügel begonnen haben. Bevor wir den Abstieg angehen, lohnt es, noch einmal einen Blick auf das Hügelland mit den blau schimmernden Bergen zu werfen.

Dann steigen wir den Weg, den wir gekommen sind, wieder hinunter, wenden uns am Fuß der Treppe aber nach rechts und folgen dem Weg entlang der Mauer rechts herum um das Kloster. Wir kommen an einer kleinen Madonnengrotte unter einem wunderschönen Lindenbaum vorbei, die man kurz besuchen sollte.

Nachdem der Weg eine Rechtsbiegung gemacht hat, heißt es aufgepasst: Hier zweigt nach links ein kleiner Weg ab, der den Hang hinunterführt. Hier ist Vorsicht geboten, denn er kann bei feuchter Witterung rutschig sein. Doch der kleine Abstieg lohnt sich, denn wir gelangen zu einem weiteren, kaum bekannten Kleinod des »Heiligen Berges«: der Elisabethquelle.

Wie viele starke Kraftorte weist auch der heilige Berg von Andechs nicht nur nach oben, hinauf in den Himmel, sondern findet sein Gleichgewicht in der Kraft der Erde. Wasser, das aus der Erde entspringt, ist lebendiger Ausdruck dieser Erdkraft und weil es nach unten fließt, gleicht es die Ausrichtung des ganzen Berges gen Himmel aus und zeigt, dass alles, was nach oben strebt, seine festen Wurzeln in der Tiefe haben muss.

Die Elisabethquelle ist ein Ort, der eine ganz feine Stimmung um sich herum verbreitet. Wen würde es wundern, wenn hier nachts Elfen und Feen im Mondschein tanzten? In vielen Kulturen sind

Quellen die Wohnstätte von Naturwesen. Nymphen wurden sie von den Griechen genannt und galten als wohltätige Geister, die für die Fruchtbarkeit der Natur sorgten und hin und wieder auch dem Menschen hilfreich zur Seite standen.

Quellen stehen jedoch auch für den Ursprung des Lebens. Die Elisabethquelle ist wie ein Brunnen eingefasst und wird von einer neugotischen Stele überragt, in deren Mittelpunkt wir die heilige Elisabeth stehen sehen, wie sie einem vor ihr kauernden Bettler Brot reicht, während aus ihrer Schürze Rosenblüten fallen.

Elisabeth, der wir auf dem Berg schon mehrmals begegnet sind, war mit dem Landgrafen von Thüringen verheiratet. Sie gilt als eine besonders barmherzige und fürsorgliche Landesmutter, die keine Gelegenheit ausließ, um sich den Armen und Kranken erkenntlich zu zeigen. Doch ihre Großzügigkeit und Spendenfreude stieß bei der Mutter des Landgrafen auf Missbilligung, und so wurde ihr untersagt, Brot an Hungernde zu verteilen. Doch Elisabeth hielt sich nicht an das Verbot und setzte ihre Mildtätigkeit heimlich fort. Als ihre Schwiegermutter davon Wind bekam, lauerte sie Elisabeth auf und stellte sie zur Rede. Sie sollte zeigen, was sie in ihrer Schürze verborgen hatte. In ihrer Not behauptete die Landgräfin, es handele sich um Rosen. Als die hartherzige Frau verlangte, sie solle die Schürze lüften, folgte die gute Frau diesem Befehl nur zögerlich. Doch siehe da: Anstelle des Brotes, das sie aus der Küche entwendet hatte, fielen tatsächlich Rosen aus ihrer Schürze!

Dieses Rosenwunder ist die wohl berühmteste Legende um die später heiliggesprochene Frau aus dem Geschlecht der Andechser. Sie schildert Elisabeth als eine Ikone der Liebe und Barmherzigkeit. Wie gut dies zu diesem lieblichen Ort passt! Alles an diesem stillen Kraftplatz atmet den Geist der Liebe. Wer hier eine Weile verharrt, wird bald die große Kraft der Verbundenheit spüren, die von diesem Platz ausgeht, Verbundenheit mit der Natur, mit dem Leben, mit unseren Mitmenschen – und mit uns selbst.

Wir kehren zurück auf den Hauptweg, der uns nun in das Tal des Kienbaches hinabführt, dem wir durch eine wild-romantische Schlucht folgen. Bizarre Baumwesen flankieren unseren Weg. Die Buchen, die hier wachsen, scheinen ganz besonderen Kräften ausgesetzt zu sein. Manche sagen, dass die verwachsenen Bäume auf geomantische Störzonen rund um den Andechser Drumlin hinweisen, während der Berg selbst wie ein »Auge im Sturm« daliegt (Olaf Rippe). In jedem Fall regen die merkwürdigen Verrenkungen der Bäume die Fantasie an, besonders in den späteren Stunden des Tages.

Nach einer Weile erreichen wir Herrsching auf der Kientalstraße, der wir bis zu ihrer Mündung in die Andechsstraße folgen. Von dort aus kehren wir auf demselben Weg zum Bahnhof zurück, auf dem wir gekommen sind.

■ ANFAHRT MIT DEM AUTO

Auf der A 96 kommend, verlassen Sie die Autobahn an der Ausfahrt »Wörthsee«. Von dort fahren Sie weiter nach Weßling. In Weßling biegen Sie rechts nach Herrsching ab und fahren erst durch eine wunderschöne Allee aus alten Eichenbäumen, dann auf der Seefelder Straße am Pilsensee vorbei. In Herrsching folgen Sie der Beschilderung zum Bahnhof.

■ ANFAHRT MIT ÖFFENTLICHEN VERKEHRSMITTELN

Von München mit der S-Bahn nach Herrsching.

■ EINKEHRMÖGLICHKEIT

Natürlich ist eine Einkehr in Andechs dringend zu empfehlen. Wer am Ende der Tour noch gepflegt essen gehen möchte, dem seien die zahlreichen Gaststätten an der Seepromenade in Herrsching ans Herz gelegt. Mit Blick auf den Ammersee kann man einen schönen Wandertag am besten beschließen.

8

Rendezvous im Tempel der Natur

Diese Wanderung ist vielleicht die kürzeste von allen in diesem Buch vorgestellten, aber sie gehört mit Sicherheit zu denjenigen, die Sie nicht so schnell vergessen werden. Die Eindrücke, die Sie auf diesem Spaziergang durch die Pähler Schlucht sammeln können, werden Sie zutiefst berühren, denn am Ende des Weges erwartet Sie eine berauschende Begegnung in einem wahren Tempel der Natur …

The map image with labels "Pähler Schloss", "Wasserfall", and "Eingang zur Schlucht".

LÄNGE:	ca. 2 Kilometer
DAUER:	1,5 Stunde (reine Gehzeit)
SCHWIERIGKEIT:	mittel; teilweise unwegsam mit rutschigem Untergrund, wasserfestes Schuhwerk ist von Vorteil, da ein Bach durchquert werden muss.

WEGBESCHREIBUNG

 Wir starten unseren Spaziergang am Eingang zur Schlucht, dort wo die Monatshausener Straße auf die Sternstraße trifft. Der Weg ist gekennzeichnet und führt uns auf den ersten 200 Metern zunächst ein Stück bergauf, bis wir eine Wiese mit herrlichem Bergblick passieren und anschließend in die eigentliche Schlucht eintauchen. Links unter uns rauscht der Burgleitenbach. Auf der anderen Seite des Tals ragen die Türme des Pähler Schlosses aus dem Wald und geben der Landschaft einen märchenhaften Anstrich.

Wir wandern am Weg zur Hirschberg-Alm vorbei, durch einen herr-lichen Wald aus Buchen und anderen Laubbäumen, die ihr grünes Blätterdach über uns ausbreiten und die Umgebung in ein diffuses Licht tauchen. Nun geht es nur noch leicht bergan, doch unse-re Aufmerksamkeit ist gefordert, denn es geht über Wurzeln und Steine. Manchmal verengt sich der Weg, macht eine Biegung und wir müssen einem umgestürzten Baum ausweichen oder ihn gar überklettern.

Irgendwann kommen wir dem Bachbett näher und bald laufen wir nur noch wenige Meter über dem gurgelnden und murmelnden Wasser. Längst wirkt die Landschaft mit den steilen Hängen, von de-nen hin und wieder in kleinen Fällen Wasser herabstürzt, den wild zusammengewürfelten Felsen im Bach, den kreuz und quer liegen-den Ästen und Stämmen, den Moosen und Farnen wie ein Urwald. Ab und an fallen Sonnenstrahlen durch das Blätterwerk und lassen Lichtfunken auf der sich kräuselnden Wasseroberfläche tanzen.

Der Pfad wird an manchen Stellen so unwegsam, dass wir uns an Wurzeln und Steinen festhalten müssen, um vorwärtszukommen. Dann bricht er plötzlich ab und Felsen versperren uns den Weg. Auf der anderen Seite ist auszumachen, dass es weitergeht, und so wechseln wir das Bachufer an einer Furt, springen von Stein zu Stein. Der Bach ist hier nicht tief, aber wir haben noch ein kleines Stück des Weges vor uns und das wollen wir trockenen Fußes zurücklegen.

Auf der anderen Seite setzen wir unseren Weg fort, der uns immer weiter in ein wahres Naturparadies führt. Wenn wir genau hinhö-ren, können wir schon ein besonderes Geräusch ausmachen, ein Rauschen, dem wir uns Schritt für Schritt nähern, bis wir nach einer besonders steilen Stelle unser Ziel erreicht haben: den Wasserfall.

Das Wasser des Baches stürzt hier aus 16 Metern Höhe in die Tie-fe. Es ergießt sich über eine Tuffsteinnase in ein Becken, das ein-gefasst ist in ein großes Rund aus Nagelfluh, das in horizontalen Kanten abgebrochen ist, die wie die Schichten eines verfallenden Tempels aus fernster Vergangenheit wirken, dessen Allerheiligstes wir nun betreten.

Wenn wir in den Nachmittagsstunden hier angekommen sind, dann können wir erleben, wie das Licht der Sonne auf das herabfallende Wasser strahlt und es in ein glitzerndes Band aus funkelnden Edelsteinen verwandelt. Über der ganzen Szene liegt ein solcher Zauber, dass es schön ist, sich erst einmal zu setzen und die Kraft des fallenden Wassers auf sich wirken zu lassen, dessen Geräusch von den Wänden laut widerhallt, sodass es schwerfällt, sein eigenes Wort zu verstehen, geschweige denn das eines anderen. Und das ist auch gut so, denn hier in diesem Naturtempel hüllt uns das Rauschen des Wasserfalls ein und erlaubt uns, unsere Sinne ganz auf uns selbst zu richten. Zugleich atmen wir die frische, wie aufgeladene Luft tief ein, als ob wir das Wasser nicht nur hören, die feinen Tröpfchen auf der Haut nicht nur spüren, sondern auch über unsere Lungen aufnehmen könnten. Unvergleichlich gut schmeckt die durch den Wasserfall gereinigte Luft hier.

Wenn wir uns ein wenig Zeit genommen haben, dann können wir auf dem schmalen Vorsprung um das Wasserbecken herumgehen und hinter den Schleier des Wasserfalls treten. Ein im wahrsten Sinne des Wortes berauschendes Gefühl!

Schließen Sie für einen Moment die Augen und überlassen Sie sich voll und ganz der Kraft des Wassers, das vor Ihnen in die Tiefe stürzt. Es ist eine Reinigung, die tief in die Seele reicht. Versuchen Sie, ganz in das Geräusch des Wassers einzutauchen, lassen Sie sich ganz von ihm erfüllen – und lauschen Sie. Sie werden nach einer Weile merken, wie sich aus dem anfänglich wirren Getose nach und nach Klänge und Laute herausschälen, die sich zu Wörtern formen können. Auch wenn dies vielleicht nichts anderes als der Versuch unseres Verstandes ist, in chaotischen Mustern etwas Sinnvolles zu entdecken, können wir das, was wir hier hören, als Botschaft unseres Unbewussten verstehen. Was erzählt Ihnen der Wasserfall? Auf welche Frage gibt er Ihnen gerade eine Antwort? Sie werden überrascht sein, was Sie zu hören bekommen …

Während wir uns am Rand des Wasserfalls niederlassen, können wir uns von der einzigartigen Umgebung beeindrucken lassen.

Wir sitzen wie auf dem Grund eines tiefen Gefäßes, in das sich das lebendige Wasser ergießt. Das runde Becken, der Kelch, die Schale – dies sind alte Symbole der Liebe. Im Tarot entsprechen die Kelche den Herzen des französischen oder bayrischen Blattes und stehen für die Welt der Gefühle. Wasser ist das Element, das wir mit dem ewigen Wandel unserer Gefühlswelt am ehesten in Verbindung bringen. Wasser kann jedes Gefühl ausdrücken, es kann aufgeregt wirken, lieblich plätschern, wütend toben, sanft fließen. Wenn unser Körper und unsere Seele sehr bewegt sind, geben wir Wasser ab, zum Beispiel in Form von Tränen und Schweiß. Insofern ist Wasser zutiefst mit unserem Innenleben, mit unseren Gefühlen verbunden. Zu viel Wasser überwältigt und erstickt uns – ob dies nun eine Flutwelle ist oder ein Schwall von Tränen und Gefühl.

Wasser sammelt sich immer am tiefsten Punkt, es braucht jedoch ein Gefäß oder einen Rahmen, in dem es gehalten wird, sonst zerfließt es. Wasser ist sehr beeinflussbar, es passt sich jedem Behältnis an. Es reagiert stark auf Hitze oder Kälte und verändert

seine Erscheinungsform entsprechend. Findet das Wasser keine Grenzen, dann dehnt es sich endlos aus. Ein Tropfen sucht die Pfütze, eine Pfütze sucht das Rinnsal, ein Rinnsal wird zum Bach, der Bach zum Fluss und der Fluss ergießt sich ins Meer. Wasser sucht nach der Vereinigung mit sich selbst, im Meer, in der Regenwolke, im Grundwasser. Wasser ist ein Symbol für den Kreislauf, die Rückkehr zu sich selbst.

Wasser hat einen ungeheuren Magnetismus und eine sehr große Bindungskraft. Nicht umsonst reinigen wir uns damit, benutzen es zum Putzen und Klären. Im Wasser löst sich vieles auf, auch Sorgen. Aus diesem Grund fahren wir im Urlaub, zur Entspannung, gern ans Meer – oder suchen die Gegenwart eines Wasserfalls. Wasser ist für uns fast so selbstverständlich wie Luft. Und fast genauso lebensnotwendig. Wir mögen zwar einige Tage oder Wochen ohne feste Nahrung auskommen – ohne Wasser ist es unmöglich. Wasser nährt uns, hält uns beweglich und frisch. Es belebt uns und macht uns aufnahmefähig. Erst Wasser macht die Erde fruchtbar.

Das Wasser, das in die Runde des Naturtempels strömt, macht diesen Platz zu einem Ort der Liebe. Die Kraft, die wir hier erfahren können, trägt den Charakter der Verbindung: Die Grenzen zwischen mir und der Welt um mich herum werden durchlässiger und verschwinden sogar. Orte der Liebe laden uns ein, mit etwas Größerem zu verschmelzen. Wir verlassen sie oft mit einem Gefühl, das den Empfindungen bei der Trennung von einem geliebten Menschen gleicht: Wir blicken zurück und mit jedem Schritt, der uns von ihnen fortbringt, wächst die Sehnsucht, wieder zurückzukehren. Die Erfahrungen, die wir an diesen Orten machen, bleiben als liebevolle Erinnerungen in unserem Herzen. Es ist, als ob wir selbst Jahre später noch in Kontakt stehen – oft genügt es, unsere Augen zu schließen, und schon fühlen wir uns an einen Ort der Liebe zurückversetzt, spüren die Eindrücke, die wir dort gesammelt haben, gegenwärtig in uns weiterwirken.

Kommen Sie auch zu anderen Jahreszeiten hierher. Mal führt der Burgleitenbach mehr Wasser, mal weniger. Manchmal lässt er den

Wasserfall vom plätschernden Rinnsal zum tosenden Orchester werden. Im Winter friert er gar ein und es wachsen bizarre Eiszapfen an den Felsen und lassen an das Reich der Schneekönigin denken. Der Wasserfall in der Pähler Schlucht ist ein Kraftplatz, den wir immer wieder gerne aufsuchen, weil er uns immer etwas zu geben hat. Hier sind wir immer willkommen.

An vielen Tagen im Jahr werden Sie die Faszination des Wasserfalls mit anderen Menschen teilen, denn die Pähler Schlucht ist längst kein Geheimtipp mehr. Doch wie an vielen wahren Orten der Liebe ist die Gegenwart anderer Menschen hier überhaupt kein Problem. Im Gegenteil: In dieser Runde entsteht ein ganz besonderes Gefühl von Gemeinschaft, einem wortlosen Miteinander, wenn wir die Schönheit der Natur teilen und jeder auf seine Weise eine Begegnung mit sich selbst erlebt. Genießen Sie es!

 Um wieder zum Ausgangspunkt der Wanderung zu gelangen, gehen wir den gleichen Weg zurück, den wir gekommen sind.

■ ANFAHRT MIT DEM AUTO

Auf der A 95 kommend, fahren Sie bis zur Ausfahrt nach Starnberg. Dort folgen Sie der A 952 bis Starnberg und später der B 2 durch den Ort hindurch. Bleiben Sie auf der Bundesstraße, bis rechts die Tutzinger Straße nach Pähl abgeht. Im Ortskern fahren Sie rechts in die Kirchstraße, der Sie bis zur Einmündung in die Hesseloherstraße folgen. In diese biegen Sie nach rechts ab. Fahren Sie die zweite Straße – die Sternstraße – links. Nach einer Biegung erreichen Sie den Zugang zur Schlucht.

■ ANFAHRT MIT ÖFFENTLICHEN VERKEHRSMITTELN

Mit dem Zug nach Weilheim oder von München mit der S-Bahn nach Herrsching und von dort jeweils mit dem Regionalbus nach Pähl.

■ EINKEHRMÖGLICHKEIT

Wer nach diesem Ausflug Hunger hat, dem sei das Restaurant »Alte Post zu Pähl« in der Ammerseestraße, direkt im Ort, empfohlen.

9

Übers Hexenmoor zur Zauberwiese

Wer kennt sie nicht, die berühmteste Kirche Bayerns? Die Wieskirche zieht tagein, tagaus Tausende Menschen an. Doch diese Wanderung führt Sie auf besonderen Pfaden zu dieser Perle des Barock, denn abseits des Trubels führt unser Weg durch eine magische Landschaft, ein nahe gelegenes Hochmoor. Dort erleben wir eine andere, geheimnisvollere Seite dieser Gegend. Wir kommen in Berührung mit den Kräften der Natur, wie sie aus der Tiefe kommen und der Landschaft ein eigentümliches und sehr heilsames Gepräge geben. Auf dieser Tour verbinden wir Himmel und Erde.

LÄNGE: ca. 12,5 Kilometer
DAUER: 3,5 Stunden (reine Gehzeit)
SCHWIERIGKEIT: leicht

WEGBESCHREIBUNG

Je nachdem, ob Sie mit öffentlichen Verkehrsmitteln an-
reisen oder mit dem Auto, beginnt Ihre Wanderung entweder in Steingaden und führt Sie die B 17 Richtung
Süden oder am Parkplatz des Grabensees und führt Sie auf der B 17
Richtung Norden, bis Sie in die Schlögelmühlstraße nach Osten abbiegen. Die Schlögelmühlstraße gehen wir bis zu ihrem Ende, wo

sie in einen befestigten Weg übergeht, den Prälatenweg. Diesem folgen wir weiter, mal öffnet sich der Wald und wir blicken auf saftige Wiesen, mal spazieren wir unter schattigen Bäumen, während neben uns ein Bach murmelt. Dann queren wir eine eingezäunte Weide, tauchen wieder in den Wald ein und nach einem etwas steileren Anstieg treffen wir auf einen Forstweg, auf den wir nach rechts abbiegen. Nun führt unsere Wanderung durch herrlichen Wald, bis nach etwa 400 Metern ein schmalerer Wanderweg kreuzt, der nach rechts Richtung Hiebler führt, nach links aber Richtung Wies weist. Wir folgen dieser Beschilderung zur Wieskirche und biegen nach links ab auf den sogenannten »Brettlesweg«, der uns nach wenigen Schritten auf schwankenden Bohlen durch das Naturschutzgebiet Wiesfilz führt.

»O schaurig ist's übers Moor zu gehn,
Wenn es wimmelt vom Heiderauche,
Sich wie Phantome die Dünste drehn
Und die Ranke häkelt am Strauche,
Unter jedem Tritte ein Quellchen springt,
Wenn aus der Spalte es zischt und singt,
O schaurig ist's übers Moor zu gehn,
Wenn das Röhricht knistert im Hauche!«
Annette von Droste-Hülshoff, »Der Knabe im Moor«

Wer an einem schönen Spätsommer- oder warmen Oktobertag den Weg durch das Wiesfilz geht, wird wenig von der schaurigen Romantik dieses Gedichts von Annette von Droste-Hülshoff finden. Und doch fasst es die Empfindungen vieler Menschen zusammen, wenn sie ans »Moor« denken.
Der Brettlesweg bringt uns dem Moor auf eine ganz andere Weise nahe. Wenn wir die Planken betreten, spüren wir es förmlich unter unseren Füßen, hören es quietschen, glucksen und schmatzen, wenn durch unser Gewicht die Bretter im Morast federn. Krüppelkiefern recken ihre Finger in das tiefe Blau des Himmels, Birken leuchten weiß und grün, dazwischen funkelt das Wasser

zwischen Moos und Gräsern. Alles wird hier aufgesaugt: Jeder Laut wird zum Flüstern, jeder Tritt verklingt stumpf. Alles wirkt auf einmal ganz nah und intim, obwohl der Blick in der Ebene kaum Halt findet. Die Strahlen der Sonne konkurrieren mit der so ganz anderen Wärme, die aufsteigt, wo Wasser und Erde sich mischen. Moor – das klingt warm, weich, tief. Das Wiesfilz ist kaum 400 Meter breit. Der Weg auf den knarzenden Bohlen folgt einem alten Kirchenweg und führt in eine unwirkliche Welt wie aus Urzeiten. Seltene Pflanzen wachsen hier: Faulbaum, Alpenhaargras, Sumpf-Herzblatt, Blutweiderich, Sonnentau – und unzählige Arten von Torfmoosen. Die Wahrnehmung verdichtet sich. Hören, Sehen, Spüren – der Umkreis der Sinne liegt eng am Körper.

Wie schwarze Augen blinken zwischen Moosen und Gräsern die Pfützen, trügerisch flach, denn wer hier seinen Fuß hineinsetzt, wird schnell merken, dass er sich bald in grundloser Tiefe verliert. »Ins Moor gehen« – der freie Tod, der auf ganz unmittelbare Weise in den Schoß der Erde führt. Die Kelten, die Germanen und sicher viele andere Völker versenkten Menschen im Moor, um sie den Göttern zu opfern. Schon Tacitus weiß von germanischen Menschenopfern an die Göttin Nerthus zu berichten. Ganz in der Nähe, im Weiter Filz bei Peiting, fand man die Moorleiche einer Frau, die wohl im 14. oder 15. Jahrhundert im Wochenbett verstarb. Heute jagen uns die ledrige Haut der verzerrten Gesichter und die merkwürdig verrenkten Glieder der in vielen Museen ausgestellten Moorleichen einen Schauer über den Rücken. Lange nahm man an, dass Verbrecher im Moor hingerichtet wurden, doch heute weiß man, dass dies die Ausnahme war. Möglicherweise war es sogar ein Privileg, auf diese Weise die letzte Ruhe zu finden.

Was auch immer die Menschen vor Jahrhunderten, Jahrtausenden bewog – wir können den Sog des Moores immer noch spüren. Die irdischen Tiefen ziehen uns hinab in etwas, das in seiner Weichheit und Wärme Schutz und Geborgenheit verspricht. Strecken Sie sich ruhig aus auf den Planken, denn die Waagrechte ist die Ausrichtung des Körpers, die diesem Zustand entgegenkommt.

Schließen Sie die Augen und lassen Sie sich von der Gegenwart des Moores aufsaugen … Aber auch einige Sitzgelegenheiten erlauben es uns, mit allen Sinnen in das Wiesfilz einzutauchen.

 Wir verlassen das Wiesfilz durch ein Stück Wald und schon bald ragt unser nächstes Ziel über den Hügeln auf: die berühmte Wieskirche. Nach wenigen Schritten über einen Wiesenweg erreichen wir den Ort und wenden uns am Parkplatz hinter dem Gasthof nach rechts und erreichen den Busparkplatz, hinter dem sich südlich der Hügel mit der Kirche erhebt. Doch bevor wir den Weg zur großen Kirche hinaufgehen, stoßen wir auf eine kleine Kapelle, die von vielen Wiesbesuchern oft im wahrsten Sinne des Wortes links liegen gelassen wird …

Die Geschichte der Wieskirche beginnt nicht etwa dort oben, wo nun das herrliche Gotteshaus thront, sondern genau hier, in dieser kleinen Kapelle, der Erhörungskapelle. Sie war die erste Heimstätte des Gnadenbildes vom Gegeißelten Heiland. Im Jahre 1730 wurde dieses Bild für die Karfreitagsprozession in Steingaden gefertigt, dann aber für nicht schön genug befunden und auf einem Dachboden verstaut. Über Umwege kam es in den Einödhof in der Wies. Am 14. Juni 1738 bemerkte die Bäuerin Maria Lory Tränen in den Augen des Gegeißelten Heilands. Dieses Tränenwunder wurde zum Beginn einer Wallfahrtsbewegung, die in kürzester Zeit in alle Himmelsrichtungen Europas reichte. Zunächst fand das Gnadenbild Platz in dieser kleinen Kapelle, doch als immer mehr Pilger herbeiströmten, entschloss sich der Abt von Steingaden zum Bau der Wieskirche, die zwischen 1746 und 1754 errichtet wurde. Am 31. August 1749 wurde das Gnadenbild in sein neues Domizil überführt. Das Bild in der Altarnische zeigt die feierliche Prozession.
Wer eine Weile in dieser Kapelle bleibt, wird bald merken, dass sie auf einem besonderen Fleckchen Erde errichtet wurde. Viele Menschen erleben die Kraft dieses Ortes sehr intensiv und sehr körperlich. Beim Hinausgehen versäumen Sie nicht, einen Blick

nach oben zu werfen: Aus dem weit aufgerissenen Maul eines Dämons grinsen uns Teufel im Höllenfeuer entgegen. Eine merkwürdige Szene für einen so andächtigen Ort. Doch wenn wir uns umdrehen, sehen wir den Gegenpol: das goldene Licht über dem Altarbild. Es ist der alte Kampf zwischen dem aufgehenden Licht im Osten und dem untergehenden im Westen. Wenn wir uns zum Altar hin wenden, dann wenden wir uns hin zum Licht und zum Leben und lassen die Finsternis und den Tod hinter uns. Wenn wir dann wieder hinausgehen, sind wir stark genug, uns den Dämonen zu stellen. Licht und Dunkelheit, Himmel und Hölle, das Gute und das Böse – sie verbinden sich an dieser Stelle, werden zu zwei Aspekten des Lebens. Vielleicht verleiht gerade diese extreme Polarität dem Ort das besondere Charisma. Dennoch: Die Kraft dieses Ortes ist nicht für jeden geeignet. Aber die Erfahrung an dieser Stelle ist eine gute Vorbereitung auf das Wunder der Wieskirche, das nun vor uns liegt.

 Weiter geht es hinauf zur Wieskirche. Wir betreten das Gotteshaus von der Westseite her.

Was soll man über eine Kirche wie diese erzählen? Ist es wichtig, dass sie zu den schönsten Rokokokirchen der Welt gehört und deshalb von der UNESCO zum Welterbe erklärt wurde? Dass sie von den bedeutendsten Künstlern ihrer Zeit ausgestattet wurde – unter anderem von den Wessobrunner Brüdern Johann Baptist und Dominikus Zimmermann, Meister der Stuckatur und Freskenmalerei? Das kunsthistorische Wissen ist bestenfalls eine Fußnote zu dem, was wir hier erleben können, denn die Wieskirche ist ein veritabler Ort der Kraft und drückt dies als Gesamtkunstwerk aus. Es ist nicht nur das, was wir an architektonischen und künstlerischen Details sehen, was hier beeindruckt, sondern es ist die Gesamtheit aller Dinge, nicht zuletzt die grandiose Lage der Kirche selbst, eingebettet in eine Landschaft, deren Zauber in andere Sphären entführt. Zu Recht ein Magnet für Abertausende

Besucher jährlich. Der Bauherr der Kirche, Abt Marianus II. Mayer, hat es in eine der Fensterscheiben des Pfarrhauses geritzt: »Hoc loco habitat fortuna, hic quiescit cor.« – »Hier wohnt das Glück, hier findet das Herz Ruhe.«

Die Wieskirche ist ganz anders als das, was wir vielleicht bisher erlebt haben, wenn wir Kirchen besuchten. Anstatt in geraden Linien zwischen strengen Säulen auf den Altar zugeführt zu werden, öffnet sich dem Eintretenden ein lichtdurchflutetes Oval. Aus zahlreichen Fenstern strömt Licht in den Innenraum. Bei aller Liebe zum Detail wirkt hier nichts überladen und schwer. Die Leichtigkeit, mit der hier die Kunst in das Gebäude komponiert wurde, ist schon eine Aussage in sich. Dort, wo sich das Oval wieder schließt, am anderen Ende der Kirche, schimmert es geheimnisvoll vom geschlosseneren Chorraum mit seinem prachtvollen Hochaltar her.

Nehmen wir Platz auf einer der Bänke und betrachten das Deckengemälde. In der Mitte thront auf einem Regenbogen der auferstandene Christus. Der Regenbogen ist das Zeichen der Versöhnung zwischen Gott und den Menschen. Er ist eine Brücke zwischen Himmel und Erde, zwischen oben und unten. Darüber schwebt das Kreuz im Licht der Ostersonne als Symbol der Hingabe des Lebens an die Welt. Christus zeigt auf die Wunde in seiner Seite. Diese Stelle auf der Höhe seines Herzens ist der geometrische Mittelpunkt des gesamten Bildes: Liebe ist der Brennpunkt des Lebens.

Bemerkenswert auf der Westseite des Gemäldes, also direkt über dem Eingang zur Nische: ein großes Portal mit einem geschlossenen Tor. Es ist das Tor zur Ewigkeit, das sich für uns noch nicht geöffnet hat, denn wir sind noch hier auf der Erde gebunden.

Über dem Portal lesen wir die kryptischen Worte: »Tempus non erit amplius« – »Es wird keine Zeit mehr sein.« Darüber der Ouroboros, die Schlange, die sich selbst in ihren Schwanz beißt und den Kreislauf des ewigen Werdens und Vergehens symbolisiert. Am unteren rechten Bildrand ist Chronos, der Gott der Zeit, gestürzt. Die Sanduhr rollt vor ihm am Boden, seine Sense entgleitet ihm. Zeit spielt hier keine Rolle mehr.

Gegenüber der Pforte in die Ewigkeit und über dem Chorraum: der Thron des Gerichtes. Noch wartet er darauf, dass sich Christus zum Jüngsten Gericht auf ihm niederlassen wird, um mit dem Feuerschwert der Gerechtigkeit und dem Ölzweig des Friedens zu richten. Engel stehen links und rechts bereit, um Christus in den Büchern des Lebens nachlesen zu lassen.

Im Chorraum nun das Allerheiligste. Klar grenzt sich dieser vom einladenden Rund des Zentralraumes ab. Wir werfen einen Blick in einen Raum, der ein Geheimnis birgt. Lassen wir uns von diesem Meisterstück des Rokoko faszinieren. Doch auch hier steckt die Botschaft in der Gestaltung und geht tiefer als Architektur und Kunstgeschichte. Die Verbindung zwischen oben und unten, Himmel und Erde wird farblich nachgestaltet: Oben dominieren die überirdischen Blautöne, unten die irdischen Rottöne. Ganz

oben das Lamm Gottes, Sinnbild der Erlösung, darunter das Altarbild mit der Heiligen Sippe, in der Mitte das Jesuskind. Alles hell
und glänzend. Ganz unten aber, fast im Dunkeln, das Gnadenbild
des Gegeißelten Heilands in einem Tabernakel. Es ist das Heiligste
in dieser Kirche.

Die Wieskirche ist ein wunderbarer Ort voller Kraft. Es gibt keine Überlieferungen oder Anzeichen dafür, dass an dieser Stelle
schon in vorchristlicher Zeit höheren Mächten gehuldigt wurde,
wie wir es von vielen anderen Kirchenbauten kennen. Auf der
Südseite der Kirche erstreckt sich eben jene Wiese, nach der die
Kirche ihren Namen erhalten hat. Wer hier auf einer der Bänke
seinen Blick über das Grün bis hin zu den Bergen schweifen lässt,
der spürt vielleicht, was diesen Ort kennzeichnet, innen wie außen: Verbundenheit und Liebe. Das ist es, was die Wieskirche
als Kraftort kennzeichnet: Es ist ein Ort der Liebe – zu Gott, zum
Leben, zur Welt.

 Nachdem wir die Wieskirche verlassen haben, wenden
wir uns nach links. Ein Wanderweg führt uns nun eine
Weile leicht bergab, während sich vor uns das Panorama
der Berge ausbreitet. Schon bald geht es wieder in einen Wald,
vorbei am Lindegger See, der sich rechts von uns hinter Bäumen
und Schilf versteckt und einen Ab-
stecher wert ist. Doch unsere
Wanderung führt uns weiter zum
Reslehof, wo wir auf den Weg
nach rechts abbiegen und über
sanft hügelige Wiesen mit herrlichen Ausblicken auf die Alpen
den Fronreiter See erreichen.
Diesen gehen wir ein Stück entlang, bis wir an seinem nördlichen
Ende auf einen Weg stoßen, der
nach links von Bäumen gesäumt
Richtung Fronreiten führt. Wir

aber wenden uns nach rechts, wandern nordwärts und nach einer Biegung des Weges, die uns auf eine Straße führt, erreichen wir Kreuzberg. Wir gehen die Straße bis zur ihrer Mündung in die Straße, die von Fronreiten kommt, und wenden uns nach rechts. Rechts von uns erhebt sich nun ein Hügel, auf dessen Spitze ein Kirchlein thront. Gleich hinter der Kurve ist der Aufstieg. Hier nehmen wir uns Zeit und statten der Kirche zum Heiligen Kreuz einen Besuch ab.

Mit dieser Kirche ist ein alter Brauch verbunden, der auf Gelübde aus der Zeit der Pest zurückgeht. Alljährlich am Sonntag nach dem 4. Juli, dem Ulrichstag, findet zu Ehren des Heiligen der Ulrichsritt statt. Reiter aus der Gemeinde Steingaden treffen sich auf dem Marktplatz des Ortes und ziehen in einer Prozession zu dieser kleinen Kirche auf dem Kreuzberg. Unterwegs stoßen Reiter aus den anliegenden Gemeinden dazu, bis an die Hundert beisammen sind. Dann trifft man sich auf der Wiese unterhalb der Kirche und es findet ein Festgottesdienst statt, bei dem die mit Blumen geschmückten Pferde gesegnet werden. Danach reiten die Reiter dreimal um die Kirche.

Wie aber kommt der heilige Ulrich dazu, für Pferde zuständig zu sein? Die typischen Pferdeheiligen in Deutschland sind St. Stefan, St. Eligius und natürlich St. Georg, der oft auf einem Pferd reitend dargestellt wird, wenn er den Drachen tötet. In Bayern ist der Leonhardiritt zu Ehren des St. Leonhard weitverbreitet. Bischof Ulrich lebte im 10. Jahrhundert und machte sich durch die aktive Verteidigung der Stadt Augsburg gegen die Ungarneinfälle verdient. Dabei ritt er hoch zu Ross und führte die Verteidiger an. Noch heute wird er gerne so dargestellt.

Doch was hat es mit dem dreimaligen Umkreisen der Kirche auf sich? Es ist nicht auszuschließen, dass es sich um eine alte magische Tradition handelt, die in vorchristlichen Glaubensvorstellungen verwurzelt ist. Ob es sich dabei um Fruchtbarkeitskulte handelte, können wir nicht mit Gewissheit sagen. Vielleicht war diese Anhöhe schon in früheren Zeiten der Mittelpunkt eines solchen Kultes.

Dieser weniger beachtete mystische Ort bietet einen stillen Abschluss der Tour. Hier können wir uns noch einmal am herrlichen Blick auf die Alpen erfreuen und die Kraft des Ortes in uns aufnehmen. Ein idealer Platz, um die Erfahrungen der Wanderung noch einmal zu verinnerlichen.

 Wir steigen die Anhöhe wieder hinab und gehen den Weg nach rechts weiter. Der Weg führt uns nordwärts und am idyllischen Biberschwöller See vorbei. Immer wieder lohnt sich der Blick zurück auf das Panorama der Berge und die davor liegenden Hügellandschaften, wie sie so typisch sind für den Pfaffenwinkel. Schließlich erreichen wir die B 17, auf die wir links Richtung Parkplatz oder rechts Richtung Steingaden abbiegen.

■ ANFAHRT MIT DEM AUTO

Auf der A 96 kommend, verlassen Sie die Autobahn bei »Landsberg am Lech« und fahren auf die B 17 Richtung Schongau. Nach Schongau fahren Sie weiter auf der B 17 bis Steingaden. Der Parkplatz liegt auf der anderen (südlichen) Seite des Ortes auf der rechten Seite.

■ ANFAHRT MIT ÖFFENTLICHEN VERKEHRSMITTELN

Mit dem Zug bis nach Weilheim oder Oberau und von dort mit dem Regionalbus nach Steingaden.

■ EINKEHRMÖGLICHKEIT

Nach dem Besuch des Welfenmünsters kann man auf dem schönen Platz vor der Kirche den Tag im dortigen Gasthof ausklingen lassen.

■ TIPP

Im Anschluss empfehle ich den Besuch des Welfenmünsters in Steingaden. Es handelt sich um eine ehemalige Prämonstratenserkirche aus dem 12. Jahrhundert mit romanischen und gotischen Bauelementen und barocker Ausstattung. Ein absolutes Kleinod: die Reste des Kreuzgangs mit wundervollen Kapitellen an den Säulen, in denen es von Fabelwesen und Symbolen nur so wimmelt.

Im Reich der Nixen und Najaden

10

Unsere Vorfahren hielten alles in der Natur für belebt. In den Bäumen, den Blumen, den Steinen und in den Gewässern hausten Geister, in denen sich die Kräfte der Natur spiegelten. Diese Wanderung führt uns in die Umgebung von Saulgrub, zu einem Naturdenkmal von einzigartiger Schönheit. Die Schleierfälle sind ein Ort, an dem es uns leichtfällt, den Geschichten und Märchen über Nymphen und Nixen Glauben zu schenken. In dem feinen Plätschern, dem Funkeln des seit Jahrtausenden über tiefgrünes Moos rieselnden Wassers können wir sie heute noch wahrnehmen, die guten Geister der Natur …

![Map of the hiking route with markers at Soyermühle, Schleierfälle, Acheleschwaig, Parkplatz am Kammerl, near Bad Bayersoien and Saulgrub]

LÄNGE:	ca. 10 Kilometer
DAUER:	3 Stunden (reine Gehzeit); ohne Wanderung über die Soyermühle 1 Stunde
SCHWIERIGKEIT:	mittel, teilweise steil mit rutschigem Untergrund

WEGBESCHREIBUNG

Wir starten beim Parkplatz am Kammerl und folgen dem Weg über die Ammer, am E-Werk vorbei und aufwärts, über den Kanal, durch einen lichten Wald, bis wir das Hochufer erreicht haben. Bei einem Feldkreuz halten wir uns rechts und bleiben am Waldrand. Eine Weile wandern wir in leichtem Bergauf-Bergab vor uns hin, bis der Weg sich gabelt. Wir wenden uns nach rechts und nehmen den steilen Weg hinab in die Schlucht. Vorsicht, hier kann es bei feuchter Witterung sehr rutschig sein!

Wenn wir den Fluss erreicht haben, geht es noch einmal nach rechts auf einem schmalen Steig zum eigentlichen Ziel unserer Tour: den zauberhaften Schleierfällen.

Die Schleierfälle sind ein einzigartiges Naturdenkmal. Seit Jahrtausenden rieselt hier das Wasser, gespeist von einem Quellbach, in feinen Fäden wie Schleier von den bemoosten Hängen in die Ammer und hat dabei wunderschöne Kalkablagerungen an den Felsen hinterlassen, die mit der Zeit Überhänge geformt haben. Überall tropft und rinnt es. Dabei ist dies kein Ort, an dem man sich lange aufhält, zu schmal ist der Bereich zwischen den Wasserfällen und der Ammer, die durch dieses wilde Tal rauscht.

Die Kraft dieses Platzes lebt ganz von der Gegenwart des Elements Wasser und vor allem dem Klang, den es in unseren Ohren hinterlässt, wenn es in feinsten Tropfen auf den felsigen Untergrund regnet. Man kann sich kaum satt sehen und hören an diesem Schauspiel, das die Natur an so abgelegener Stelle inszeniert, einfach so. Schönheit, die keinen Anlass und keinen Grund benötigt und der es völlig gleichgültig ist, ob sie von uns betrachtet wird oder nicht. Als Menschen scheinen wir hier nur als Gast geduldet zu sein, denn es gibt keine Haltepunkte, an denen wir eingeladen werden zu verweilen. Wir dürfen betrachten und staunen, die Kraft des Wassers fühlen und die vom rieselnden Wasser gereinigte Luft in uns aufnehmen. Dann aber werden wir gedrängt, den Ort wieder zu verlassen.

Es sind diese Plätze, die uns einen plastischen Eindruck davon vermitteln, wieso sich die Menschen früherer Zeiten die Natur von fantastischen Wesenheiten belebt vorstellten. In der Antike waren es die Najaden, wunderschöne Nymphen, die an solchen Plätzen weilten und für ihren Unterhalt und ihren Schutz sorgten. Oft wurden sie an Quellen, Bächen, Teichen und Wasserfällen gesehen, denen sie heilende Kräfte verliehen. Dabei war nicht nur das Wasser heilkräftig, sondern schon der Aufenthalt an den von den Najaden bewohnten Orten galt als heilsam. Hier brachte man ihnen kleine Opfer dar, um sie gewogen zu stimmen, oder einfach nur aus Ehrfurcht und Dankbarkeit gegenüber den Kräften der Natur, die sich in ihnen verkörpern.

Die Wassergeister der germanischen Mythologie hingegen, die Nixen, sind dem Menschen nicht durchweg wohlgesonnen. Sie werden als wunderschöne junge Frauen beschrieben mit blasser oder grünlicher Haut, manchmal schimmerte ihr Haar grün und umfloss ihren Leib wie Wasser. In einigen Fällen werden sie mit einem Fischunterleib dargestellt, sie können aber auch auf zwei Beinen an Land umhergehen, zumeist barfuß. In den Stunden des Zwielichts sind sie besonders häufig an Quellen, Teichen und Wasserfällen anzutreffen. Ihre verführerische Schönheit und ihr zauberhafter Gesang verführt Männer dazu, sich ihnen zu nähern – nur um sie hinab auf den Grund des Flusses oder des Sees zu ziehen, wo sie in den kalten Fluten den Tod finden.

Alles in allem aber gehören die Nixen zu den sogenannten Lichtelben im Gegensatz zu den Zwergen, die in der Dunkelheit der Erde hausen und Schwarzelben genannt werden. Ganz ähnlich wie ihre dunklen Verwandten hüten die Nixen Schätze und können Menschen reich machen, doch meist ist der Preis, den sie dafür einfordern, sehr hoch. Nicht selten verlangen sie das Erstgeborene eines Hauses oder stehlen die Kinder einfach vom Wasserufer weg.

Auch männliche Nixen sind bekannt und werden Nix oder Nöck genannt. Während die weiblichen Wassergeister ungeachtet ihrer Vorliebe für schöne Männer insgesamt eher friedlicher Natur sind, gelten die männlichen Vertreter ihrer Art als grausam und blutrünstig – und ziemlich abstoßend. Es heißt, dass der Nöck schöne Mädchen zu sich in die Tiefe zieht, weil er sich in seinem kalten Zuhause nach der Wärme des menschlichen Fleisches sehnt. Dazu lockt er sie mit einem bezaubernden Harfen- oder Geigenspiel ins Wasser.

Im Jahr 1589 verfasste Paracelsus ein Buch über die Elementargeister, zu denen die Sylphen als Geister der Luft gehören, die Pygmäen als Geister der Erde, die Salamander als Geister des Feuers und die Nymphen als Geister des Wassers. Für ihn wa-

ren die Wassergeister von allen Elementarwesen die am weitesten entwickelten und dem Menschen gar nicht so unähnlich. Alles, was ihnen fehlt, ist eine Seele, und so treibt es sie immer wieder dazu, sich mit einem Menschen zu verbinden, denn durch die Vermählung mit einem Sterblichen können sie und auch ihre Kinder eine Seele bekommen.

Lauschen wir also eine Weile dem fallenden Wasser, dem Klang der Schleierfälle, und berauschen wir uns an dem glitzernden Farbenspiel. Wer genau hinhört, kann im Prasseln der Tropfen vielleicht das Flüstern und Kichern der Najaden vernehmen, und wer nicht ganz so genau hinsieht, kann unter Umständen sogar in den Wasserschleiern das nass triefende Haar der Nixen erkennen.

 Wir gehen nun denselben Weg zurück. Achten Sie auf der Hangseite auf den Eingang einer kleinen Höhle, der sich nur wenige Schritte von den Schleierfällen entfernt auftut, von den meisten Besuchern unbemerkt. Wer dieses eigenartige Felsenloch erreichen möchte, muss ein Stück den steilen Abhang hinauf. Der kaum anderthalb Meter hohe Eingang weist merkwürdigerweise kleine Stufen auf, wie von einer verwitterten Treppe. Mit einer Taschenlampe ausgerüstet kann man sogar in diesen leicht schrägen Höhlengang kriechen, der sich sehr schmal etwa 15 Meter tief in den Felsen bohrt. Der Zugang zum Reich der Schwarz-

elben liegt also ganz in der Nähe der wässrigen Verwandtschaft …
Etwas weiter flussabwärts gibt es eine Kiesbank, an der wir eine kleine Rast einlegen können, um uns noch eine Weile in den Anblick der wilden Ammer zu vertiefen. Dann steigen wir den gesamten Weg, den wir gekommen sind, wieder hinauf, bis wir auf den Hochuferweg stoßen. Wer jetzt schon genug hat, der kann auf dem gleichen Weg, den wir gekommen sind, wieder zurücklaufen.

Eine etwas weitere Wanderung führt hingegen Richtung Norden am Hochufer entlang, auf und ab, immer wieder steil zum Flussufer abfallend und dann wieder die Schlucht hinauf. Kräftig abwärts geht es zur Soyermühle, wo wir schließlich die Ammer überqueren. Gleich geht der Weg wieder steil aufwärts. Oben halten wir uns rechts am Waldrand und folgen dem Weg durch Abschnitte aus lichten Wäldern und saftigen Wiesen und Weiden. Wir steigen noch einmal richtig die Hügel hinauf, werden aber mit einem fantastischen Blick auf die Berge belohnt. Schließlich geht es hinab zum »Wirtshaus Acheleschwaig«, wo sich eine Einkehr empfiehlt. Nur wenige Schritte weiter gelangen wir schließlich zum Ausgangsparkplatz in der Nähe des kleinen E-Kraftwerks.

■ ANFAHRT MIT DEM AUTO

Auf der A 95 kommend, verlassen Sie die Autobahn an der Ausfahrt Murnau/Kochel und folgen der St 2062 durch Murnau und Bad Kohlgrub nach Saulgrub. Dort biegen Sie links in die Ammergauer Straße ab und fahren dann noch vor dem Bahnhof rechts in die Achelestraße. Dieser folgen Sie über ein Moor und das gleichnamige Gut hinab zum Parkplatz am Kammerl.

■ ANFAHRT MIT ÖFFENTLICHEN VERKEHRSMITTELN

Mit der Regionalbahn bis Saulgrub und von dort aus die Achelestraße bis zum Parkplatz am Kammerl entlangwandern (zusätzlich 2 Kilometer).

■ EINKEHRMÖGLICHKEIT

Das »Wirtshaus Acheleschwaig« mit seinem schönen Biergarten bietet am Ende der Wanderung eine Möglichkeit zur Rast.

11

Das Geheimnis des Drachentöters

Unsere Wanderung beginnt in Murnau, der Stadt am Staffelsee, die berühmt wurde durch Künstler wie Gabriele Münter und Wassily Kandinsky. Sie entwickelten hier unter dem Einfluss des Farbenspiels von Berg, Wasser und Moor ihre typische expressionistische Malerei. Die Landschaft ist darüber hinaus sagenhaft – im wahrsten Sinne des Wortes, denn hier hauste einst ein Drache. Was sich hinter dieser Sage verbirgt, erfahren Sie auf dieser abwechslungsreichen Tour.

LÄNGE:	ca. 8 Kilometer
DAUER:	3 Stunden (reine Gehzeit)
SCHWIERIGKEIT:	leicht

WEGBESCHREIBUNG

 Vom Bahnhofsplatz führt unser Weg zunächst nach Süden, bis wir nach rechts in eine Unterführung Richtung See abbiegen. Schon bald stehen wir oberhalb eines Abhangs und unser Blick schweift über das Südostende des Staffelsees. Wir wenden uns nach links, folgen dem Weg den Abhang hinab und kommen an einer Minigolfanlage vorbei, an der wir kurz halten, um das dort angebrachte Stadtwappen von Murnau zu betrachten – ein erster Vorgeschmack auf das Thema dieser kleinen Wanderung …

Das Stadtwappen von Murnau zeigt einen grünen Lindwurm mit roter Flammenzunge und roten Krallen. Sehr wahrscheinlich geht es auf die Deutung des Namens Murnau als »Wurmau« zurück. Später werden wir die Sage von diesem Lindwurm, wir würden ihn heute als Drachen bezeichnen, kennenlernen, die für diese Gegend eine besondere Bedeutung besitzt. Schon beim Spaziergang über die Ilkahöhe (siehe dazu das Kapitel »Bei den Schicksalsfrauen vom Würmsee«) sind wir dem Thema Drachen und Drachenpfade begegnet. Die Anwesenheit dieser mystischen Wesen ist immer ein wichtiges Zeichen dafür, dass eine Gegend als besonders kraftvoll angesehen wurde, denn der Drache verkörpert die »Energien« dieser Landschaft.

In der taoistischen Lehre des Feng Shui ist Qi die universelle Kraft des Lebens in der Natur. Qi fließt am liebsten in hin und her schwingenden Bewegungen, vergleichbar mit dem natürlichen Lauf eines Baches – also wie eine Schlange. Auch das deutsche Wort »Wurm« bedeutete ursprünglich nichts anderes als »Schlange« und das vorangestellte »Lind« ist eng verwandt mit »lindern«, »gelinde« und bedeutet so viel wie »weich«, »beweglich«. Der Lindwurm ist also keine riesenhafte Echse, wie wir uns heute einen Drachen vorstellen, sondern eher eine riesige Schlange. Die Chinesen stellen Qi als Drachen dar, als ein schlangenähnliches Wesen, das die Luft, die Erde und die Gewässer bevölkert. Es ist gut möglich, dass die Menschen in unseren Breiten ganz ähnlich von Drachen gedacht haben und sie als Ausdruck der Landschaft gesehen haben, in der sie leben. Erst durch die christliche Gleichsetzung von Schlange und Drache mit dem Teufel wurde der Lindwurm zur Bedrohung und damit zu einem rein dämonischen Wesen.

Die Kräfte der Natur sind natürlich geprägt von einer gewissen Unberechenbarkeit, gerade in Gegenden wie dieser, und die

Menschen werden sich ihnen sicherlich auch ausgeliefert und von ihnen bedroht gefühlt haben. Doch sie wussten immer auch, wie wichtig es ist, sich mit diesen Kräften zu arrangieren, denn immerhin leben wir Menschen ja von der Natur. So wird der Drache heute zu einem Bild dafür, wie wichtig es ist, mit der Natur sorgsam umzugehen, denn wenn wir sie ausbeuten, berauben wir uns letztlich nicht nur unserer eigenen Lebensgrundlage, sondern beschwören die Kräfte der Natur herauf, die sich ganz schnell auch gegen uns richten können. In den Worten der Mythologie gesprochen: Der Drache erwacht und überzieht die Lande mit seiner Wut …

 Wir folgen dem Weg nun weiter hinunter zum See. Dort gibt es Bänke, die sich für eine erste kleine Rast mit Blick auf das Wasser und die vor uns liegende Insel Wörth mit ihrem dichten Baumbestand anbieten …

Der Staffelsee hat sieben Inseln, die größte unter ihnen ist mit ca. 37 Hektar Wörth. Ihr altertümlicher Name bedeutet nichts anderes als »Insel« und sie ist als einzige dauerhaft besiedelt. Früher führte ein Holzsteg vom Festland über die dazwischen liegende Jakobsinsel zu ihr. Von diesem Steg ist heute nichts mehr zu sehen, doch seine bereits im 11. Jahrhundert in den Grund des Sees geschlagenen Pfosten sind noch unter Wasser erhalten. Über diesen Steg erreichten die Bewohner des Ufers die Pfarrkirche auf der Insel.
Doch schon in der Bronzezeit suchten Menschen die Insel Wörth auf, war man doch auf einem Eiland mitten im See vor Übergriffen sicherer als auf dem Festland. Auch die Römer hinterließen ihre Spuren und später nutzten vornehme Bajuwaren die Fruchtbarkeit des dortigen Bodens, um Landwirtschaft zu betreiben. Im 8. Jahrhundert schließlich entstand auf der Insel ein florierendes Kloster, das der Legende nach jedoch ein jähes Ende fand, als im 10. Jahrhundert die Ungarn über Bayern herfielen und es zerstörten, nur die Kirche schien stehen geblieben zu sein, welche

dem Erzengel Michael geweiht war. Als auch diese Ende des 18. Jahrhunderts abgebrochen wurde, errichtete man die kleine St.-Simpert-Kapelle, die heute noch auf der Insel steht und vom Ufer aus sichtbar zwischen den Bäumen aufleuchtet und alljährlich zu Fronleichnam das Ziel der einzigen Seeprozession Bayerns ist. In der Kapelle befinden sich Fresken, welche aus der bewegten Geschichte der Insel berichten, darunter auch eines, das die Anwesenheit des heiligen Bonifatius auf der Insel Wörth bezeugt, der hier den Heiden gepredigt haben soll – sehr wahrscheinlich eine Legende.

Westlich der Kirche befand sich einst eine 1000-jährige Bonifatiuslinde, die allerdings 1945 vom Blitz zerstört wurde. Eine Neupflanzung erinnert an den uralten Kraftort. Dass diese Insel sicher nicht einfach nur als Siedlungsgebiet betrachtet wurde, belegt die Sage, dass die Hexen auf ihrem Weg zum Blocksberg an dieser Linde haltgemacht haben sollen. Dies zeigt, dass man der Insel einen besonderen Zauber nachsagte und sie in heidnischen Zeiten vielleicht auch als Kultplatz diente, waren doch Inseln durch ihre vom Festland abgetrennte Lage gut geeignet für Heiligtümer. Wer weiß, was die Menschen in früheren Zeiten vom Ufer des Sees aus beobachteten und sie zur Annahme verleitete, dort könne es nicht mit rechten Dingen zugehen …

Der Zauber, der von dieser Insel ausgeht, hatte einst auch König Ludwig II. gefangen, und so führte er wohl Verhandlungen mit dem Besitzer der Insel, denn er wollte dort ein Schloss bauen im Stil von Versailles. Dieser königliche Traum blieb jedoch unerfüllt – es heißt, der Eigentümer ließ sich nicht zum Verkauf bewegen. Andere wiederum sagen, dass Ludwig in Herrenchiemsee einen besseren Standort für sein ehrgeiziges Bauprojekt fand. Doch der Umstand, dass der König diese Insel für eines seiner Projekte auswählte, kann ebenfalls als Indiz gesehen werden, dass es sich bei Wörth um einen Kraftplatz handelt, denn Autoren wie Fritz Fenzl sind der Überzeugung, dass der letzte große Monarch der Bayern sich bewusst Plätze aussuchte, die auch aus energetischer Sicht bedeutsam sind.

Wie dem auch sei – uns genügt für jetzt der Blick auf dieses Eiland von der Uferpromenade aus. Wer noch Zeit und Lust hat, sollte sich jedoch im Anschluss einen Besuch der Insel selbst nicht entgehen lassen. Sie wird mit dem Schiff von der Anlegestelle in Seehausen angefahren. Auch eine Rundfahrt über den See ist sehr zu empfehlen.

 Wir wenden uns nun nach links, folgen dem Seeufer und halten uns bei der nächsten Abzweigung rechts, um auf dem Seewaldweg am Südufer des Sees entlangzugehen. Nach ca. 600 Metern zweigt ein Weg nach links in den Wald ab mit dem Hinweisschild »Zur Kohlgruberstraße«. Wir folgen dem Schild und gelangen auf einen Weg, der uns auf den Moränenwall, ein Relikt der Eiszeit, hinaufführt und in ein verwunschenes Tal hinein, durch das ein Bächlein plätschert. Der Weg führt stetig bergan und kann je nach Witterung etwas rutschig und vom Wasser unterspült sein, also Vorsicht. Wenn wir den Weg auf die Moräne hinauf hinter uns haben, passieren wir die Klinik Hochried in einem Bogen nach links, halten uns dann rechts und stoßen nach wenigen Metern auf die Kohlgruber Straße. Diese müssen wir nun ein Stück nach rechts laufen, bis uns auf der anderen Seite ein Weg weiter den Hang hinabführt und uns einen ersten Blick auf das Murnauer Moos gewährt

Wir überqueren den Bahndamm, halten uns links und nach wenigen Metern gleich wieder rechts. Dort führt der Weg weiter geradeaus durch ein malerisches Tal in die Ebene hinunter, zuletzt etwas steiler und in Serpentinen, bis wir eine Stelle erreichen, an der sich die Felsen öffnen und einen bezaubernden Wasserfall freigeben. Wir haben den sagenumwobenen Drachenstich erreicht.

Nun wird es Zeit, sich der Sage zu widmen, auf deren Spuren wir uns bewegen, denn just an der Stelle, an der wir uns gerade befinden, soll ein Drache sein Versteck gehabt haben:

Einst zog ein Lindwurm in die Nähe der Stadt, die später Murnau heißen würde. Dieses schreckliche Untier begann damit, sich am Vieh auf den Weiden gütlich zu tun und verwüstete auf der Suche nach Nahrung die Fluren und Felder der Bauern. In seiner unersättlichen Gier fiel es schließlich auch über Menschen her, die sich in seine Nähe verirrt hatten. In ihrer Not versammelten sich die Bürger der Stadt und beratschlagten, wie sie gegen diese fürchterliche Plage vorgehen könnten. Keiner aber war bereit, sich dem Ungeheuer im Zweikampf zu stellen, wusste man doch zu gut, dass die ärmlichen Waffen nichts gegen die gepanzerte Riesenschlange ausrichten würden. Da kam man auf die Idee, einen berüchtigten Räuber und ehemaligen Krieger, der gerade im Gefängnis einsaß, um auf sein Todesurteil zu warten, damit zu beauftragen, die Kreatur zu töten, denn er galt als ein tollkühner Mann, der weder Tod noch Teufel fürchtete. Wenn es ihm gelingen sollte, den Drachen zu besiegen, dann wollte man ihn unbeschadet seines Weges ziehen lassen. Der Räuber ging auf diesen Handel ein, denn immerhin bekam er so wenigstens eine Chance, dem Tod zu entgehen. Weil er wusste, dass er in einem Kampf gegen den Drachen kein Glück haben würde, besann er sich auf eine List: Er füllte die Haut eines frisch geschlachteten Kalbs mit ungelöschtem Kalk, nähte das Ganze zu und legte es als Köder in der Nähe der Behausung des Drachen aus. Der Lindwurm ließ nicht lange auf sich warten, angezogen von dem Duft des geschlachteten Kalbs. Er kroch heran und verschlang den Köder auf einen Bissen. Als daraufhin der Kalk anfing, sein Inneres zu verätzen, wurde ihm ganz heiß und ein entsetzlicher Durst überfiel ihn. Diesen wollte er durch einen Schluck aus dem Staffelsee stillen – dies war sein Verderben, denn kaum kam der gebrannte Kalk in seinen Gedärmen mit dem Wasser in Berührung, explodierte der Drache mit einem fürchterlichen Knall und die Fetzen seines Leibes wurden in alle Himmelsrichtungen verstreut. Doch der böse Feind war besiegt und überall herrschte Freude. Der Räuber hatte seinen Kopf noch einmal aus der Schlinge gezogen und durfte ungeschoren von dannen ziehen. Zum Gedenken an die Überwindung der großen Gefahr nannten die Bürger ihre Stadt »Wurmau«, woraus sich später Murnau entwickelte, und machten den Lindwurm zu ihrem Wappentier.

Eine recht modern anmutende Drachentötergeschichte, in der List über bloße Gewalt siegt. Mit großer Wahrscheinlichkeit ist diese Sage die volkstümliche Variante einer älteren Erzählung, denn schließlich heißt der Ort, an dem wir uns befinden, »Drachenstich« – doch von einem mit einem Schwert oder Speer erstochenen Drachen ist in dieser Sage nicht die Rede. Und tatsächlich: Unweit dieser Stelle befindet sich das kleine Kirchlein von Ramsach, welches dem heiligen Georg geweiht ist, dem Drachentöter schlechthin. Was können wir aus dieser Benennung nun für den Kraftort selbst ableiten? Wie bereits eingangs angemerkt, ist der Drache nichts anderes als ein Bild für die der Natur innewohnenden Kräfte, denen sich der Mensch auf der einen Seite ausgeliefert fühlt, von denen er andererseits aber auch um seines

Überlebens willen abhängig ist. Die Zähmung dieser wilden und chaotischen Kräfte war dementsprechend eine Notwendigkeit, wenn Menschen sich an einem Standort niederlassen wollten. Der Stich des Drachen steht daher symbolisch für die Bezwingung des Drachen.

 Wir kehren dem Drachenstich den Rücken und spazieren weiter, bis sich der Weg gabelt. Wer nun eine Rast einlegen möchte, der wendet sich nach rechts, direkt dem Ramsachkircherl zu, in dessen Schatten sich eine Wirtschaft befindet, deren Biergarten nicht nur zum Verweilen einlädt, sondern unter dessen ausladenden Kastanien man einen herrlichen Blick über das Murnauer Moos genießen kann.

 Das Ramsachkircherl, südlich von Murnau, gilt als die älteste Kirche am Staffelsee und wird im Volksmund auch »s'Ähndl« genannt – von »Ahnin« oder »Ahne«. Sie birgt ein außergewöhnliches Kleinod, das seinesgleichen in Europa sucht: Seit Menschengedenken wird dort eine etwa 60 Zentimeter hohe, aus Eisenblech geschmiedete Handglocke aufbewahrt, wie sie von den iroschottischen Wandermönchen, die Bayern missionierten, geläutet wurde. Nachgewiesenermaßen stammt sie aus dem 8. Jahrhundert und ist damit wohl die älteste Glocke Deutschlands.

Glocken riefen die Menschen nicht nur zum Gottesdienst, sondern boten angeblich auch Schutz vor den dunklen Mächten. Die St.-Georgs-Kirche in Ramsach blickt über das geheimnisvolle

Moor, in dem Geister und andere Ungeheuer ihr Unwesen treiben. Der heilige Georg ist nicht umsonst der Patron dieser Kirche,
denn er behütet die Menschen vor den dämonischen Kräften, die
zwischen den hohen Gräsern des Sumpfes zu lauern scheinen.
Die Fresken an den Decken erzählen die Geschichte des qualvol-
len Martyriums, welches der heilige Georg erlitt. Höhepunkt ist
seine Hinrichtung im zentralen Feld. Darunter: der Drache von
Murnau. Auch das Altarbild zeigt den berühmten Heiligen, diesmal, wie er den Lindwurm hoch zu Ross zur Strecke bringt. Hier
haben wir also unseren »richtigen« Drachenstich!
Wie aus dem römischen Märtyrer aus dem 3. Jahrhundert n. Chr.
ein Drachentöter wurde, entzieht sich unserer Kenntnis, denn

die ersten Legenden dazu tauchen erst 500 Jahre später auf und ähneln einem Rittermärchen. In ihnen befreit Georg die Tochter eines Königs, dessen Stadt von einem Drachen bedroht wird, vor dem Tod als Opfer, das das Untier von der Bevölkerung fordert. So wurde er zum Sinnbild des christlichen Kampfes gegen den Teufel. Interessant ist, dass der Name des Heiligen im Griechischen »Bauer« bedeutet. Ist dies vielleicht ein Hinweis darauf, dass die Bezwingung des Drachen letztlich nur der Notwendigkeit entspricht, die Fruchtbarkeit des Erdbodens nutzbar zu machen, indem er mit der Pflugschar aufgerissen, also verletzt wird – so wie das Schwert oder der Speer des heiligen Georg den Drachen tötet?

Den heiligen Georg finden wir an vielen geomantisch bedeutsamen Orten wieder. Aus dieser Perspektive ergibt sich für das christliche Symbol der Verteidigung gegen das Böse noch eine andere Deutungsmöglichkeit: Mit seiner Lanze durchbohrt St. Georg den Drachen. Wenn der Drache ein Symbol für die Erdkräfte ist, dann ist Georg das Symbol für die Bindung dieser Kräfte an einen Ort. So steht die Pfählung des Ungeheuers weniger für die Vernichtung des Bösen als für die Konzentration der Kräfte eines Ortes, um sie für den Menschen nutzbar zu machen, zum Beispiel für kultische Zwecke. Ein Drachenort ist also nichts anderes als ein echter Kraftplatz, an dem die Kräfte der Erde nur so sprudeln.

Der kleine Hügel, auf dem das Ramsacherkircherl steht, war früher wohl ein heidnischer Kultort. An der Stelle des Altars, so heißt es, soll einst ein Opferstein gestanden haben. Auch wenn wir nichts Genaues wissen, so können wir an diesem Ort doch deutlich spüren, wie die Erdkräfte aufsteigen. Rund um die Kirche herrscht eine eigenartig beschwingte Energie, die zum Verweilen einlädt. Tatsächlich fühlen sich die meisten Menschen im Schatten der Kirche geborgen und der Blick streift über die Weiten des unwirtlichen Moores bis hin zu den hoch aufragenden Bergen des Wettersteins.

Wir gehen nun zur Gabelung zurück. Von dort setzen wir unseren Weg geradeaus fort. Dabei kommen wir durch eine wunderschöne Eichenallee, die Kottmüllerallee aus dem Jahre 1870, einen würdigen Abschluss unserer Wanderung. Beobachten Sie, wie durch die versetzte Anordnung der Bäume der Eindruck eines Pfades entsteht, der sich wie eine Schlange vor uns herschlängelt.

Wir erreichen Murnau. Wer noch Zeit und Lust hat, kann einen Besuch im Münter-Haus anschließen, welches auf unserem Weg liegt. Von dort aus lässt sich auch in wenigen Minuten der Ortskern erreichen und der gegenüberliegende Schlossberg mit dem Schlossmuseum, der Pfarrkirche St. Nikolaus und dem sehenswerten, in Terrassen angelegten Friedhof. Wer für heute genug hat, bleibt auf dem Weg zurück zum Bahnhof.

■ ANFAHRT MIT DEM AUTO

Auf der A 95 kommend, verlassen Sie die Autobahn an der Ausfahrt »Murnau/Kochel«. Folgen Sie den Hinweisen Richtung Murnau und, sobald Sie den Ort erreicht haben, der Beschilderung zum Bahnhof.

■ ANFAHRT MIT ÖFFENTLICHEN VERKEHRSMITTELN

Mit der Regionalbahn kommt man problemlos nach Murnau.

■ EINKEHRMÖGLICHKEIT

Die ideale Einkehr bietet der wunderschöne Biergarten am Ramsachkircherl. So kann man seinen Blick über das verzaubert vor dem Panorama der Bayerischen Voralpen daliegende Moos schweifen lassen und dabei eine zünftige Mahlzeit genießen.

Aufstieg auf den Berg der Götter

12

Der Petersberg – die dicht bewaldete Kuppe erhebt sich wie ein Fels in der Brandung hoch über dem Tal, genau dort, wo der Inn das Gebirge verlässt. Vierhundert Meter fällt seine Flanke ab und ganz oben leuchtet verheißungsvoll ein Kirchlein, das Überbleibsel einer einstigen Klosteranlage, die auf dem schmalen Gipfel des Petersbergs ruhte. Doch die Geschichte dieses Berges reicht noch viel weiter in die Vergangenheit zurück. Schon viele Tausend Jahre lang steigen Menschen den steilen Weg auf diesen heiligen Berg hinauf, um den Göttern näher zu sein …

LÄNGE:	ca. 6 Kilometer
DAUER:	2 Stunden (reine Gehzeit)
SCHWIERIGKEIT:	mittel, da kontinuierlicher Anstieg auf dem Hinweg

WEGBESCHREIBUNG

Unser Weg führt vom Parkplatz aus auf einem beschilderten Forstweg kontinuierlich bergauf. Wir wandern an der Burgruine Falkenstein vorbei, der wir uns auf dem Rückweg widmen, und in sanften Windungen durch herrlichen Bergwald. Kurz nach der Burg erreichen wir die Kapelle Maria Schnee, in der eine auf einer Mondsichel sitzende Muttergottes samt Christuskind den Pilger grüßt. Im Relief darunter ist eine Ansicht der Burg Falkenstein zu sehen.

Die Bezeichnung Maria Schnee geht auf ein Wunder zurück, das sich in der Nacht auf den 5. August 358 n. Chr. in Rom ereignet haben soll. In dieser Nacht erschien die Muttergottes einem römischen Patrizier und seiner Frau und versprach, dass ihr Kinderwunsch in Erfüllung gehen würde, wenn sie ihr zu Ehren eine Kirche stifteten, und zwar genau an der Stelle, an der am nächsten Morgen Schnee in Rom liegen würde. Und tatsächlich: In der Früh des 5. August war der Esquilin, einer der sieben Hügel Roms, ganz weiß von Schnee. Hier wurde später die Kirche Santa Maria Maggiore errichtet. Viele Kirchen und Kapellen tragen seither das Patrozinium dieses Tages, der als Maria Schnee in der katholischen Kirche gefeiert wird.

 Wir folgen dem Weg weiter hinauf, vorbei an kleinen Wasserfällen bis zur Antoniuskapelle.

Der heilige Antonius von Padua gehört zu den am meisten verehrten Heiligen der katholischen Kirche. Er lebte und wirkte im 12. Jahrhundert als Franziskaner und wird auch als solcher dargestellt, oft mit Jesuskind auf dem Arm oder einer Lilie in der Hand. Weil er so redebegabt war, schickte man ihn zu den Albigensern, einer häretischen Sekte, um sie zu bekehren. Da diese ihm aber nicht zuhören wollten, stellte er sich ans Ufer des Meeres und richtete seine Worte an die Fische. Und siehe da, die hoben ihre Köpfe aus dem Wasser und lauschten ihm andächtig! Antonius wird bei so unterschiedlichen Dingen angerufen wie Unfruchtbarkeit, Geburten, Fieber, Schiffbruch, guter Ernte und im Krieg. Volkstümlich wird er auch beim Wiederauffinden von verlorenen Gegenständen um Hilfe gebeten, weswegen er scherzhaft der »Schlampertoni« genannt wird. Auch Alleinstehenden soll er bei der Partnersuche gelegentlich unter die Arme greifen.

 Weiter geht es, bis nach einigen Metern des hier gerade aufwärts verlaufenden Weges auf der linken Seite ein merkwürdiger Spalt im Felsen sichtbar wird, das sogenannte Teufelsloch.

Mit diesem Riss im Stein ist eine Sage verknüpft, die eng mit dem Namen des Berges verbunden ist, denn sie handelt vom heiligen Petrus höchstpersönlich. Dieser wanderte einst durch die Lande und kam auch ins wunderschöne Inntal. Um sich von höherer Warte aus einen Überblick über die Gegend zu verschaffen, blickte er sich um und entdeckte diesen Berg, auf dem ein kleines Gotteshaus zu sehen war. Dies schien ihm ein geeigneter Ort und so machte er sich, hochbetagt wie er war, an den beschwerlichen Aufstieg.

Auf halber Strecke stellte sich ihm auf einmal eine finstere Gestalt in den Weg und hinderte ihn daran weiterzugehen. »Was willst du hier?«, herrschte ihn der düstere Geselle an. »Du hast hier nichts verloren, denn hier regiere ich.« Da wurde dem heiligen

Petrus klar, dass er es mit dem Teufel zu tun hatte. Mutig stellte sich der alte Mann dem Fürsten der Finsternis entgegen und erwiderte: »Ich bin gekommen, um den Menschen den wahren Glauben zu bringen.« Da lachte der Teufel nur schallend. Doch Petrus setzte hinzu: »Ich werde dir beweisen, dass mein Glaube stärker ist als deine Bosheit. Ich wette mit dir, dass ich schneller als du oben auf dem Gipfel des Berges sein werde.« Der Teufel blickte den alten Petrus an, der bereits leicht erschöpft wirkte. Das schien ihm ein leichtes Spiel. »Gut«, willigte er ein. »Wer diese Wette verliert, der muss das Land für immer verlassen.« Beide begaben sich also auf den Weg, Petrus ging langsam Schritt für Schritt den steilen Berg hinauf, während der Teufel zu eben jenem Loch im Felsen eilte, denn er wusste, dass dieser Spalt geradewegs durch das Innere des Berges auf den Gipfel führt.

Was der Bösewicht jedoch nicht berücksichtigt hatte: Der Spalt endet zwar unmittelbar auf dem höchsten Punkt, doch mittlerweile war dort eben jenes Kirchlein errichtet worden! Durch den geweihten Steinboden des Gotteshauses konnte er nicht dringen und so musste er vor Wut schnaubend den Rückweg durch den engen Riss im Berg wieder nach unten antreten und genauso wie Petrus den einfachen, aber längeren Weg um den Berg herum nehmen. Durch diese Aktion hatte er jedoch viel Zeit verloren und so kam es, dass Petrus lange vor dem Leibhaftigen den Gipfel des Petersberges erreichte – und so die Wette gewann. Da blieb dem Höllenfürsten nichts anderes übrig, als seine Niederlage einzugestehen und sich von dannen zu machen. Seit dieser Zeit ist der Teufel auf dem Petersberg nicht mehr gesehen worden. Der Riss im Felsen, durch den er sich nach oben zwängen wollte, ist jedoch noch heute gut zu erkennen. Dieser Geschichte verdankt der Berg, der ursprünglich Kleiner Madron genannt wurde, seinen Namen Petersberg.

Teufelssagen sind immer ein deutlicher Hinweis darauf, dass wir es mit einem uralten Kraftplatz zu tun haben. Die Mächte, die dort in vorchristlicher Zeit Verehrung fanden, wurden im Zuge der christlichen Missionierung dann »verteufelt« und durch eine christliche Mythologie ersetzt. Der Wettstreit zwischen dem heiligen Petrus und dem Leibhaftigen ist eine eindrückliche Umsetzung dieser historischen Prozesse in die Bildersprache der Sagen und Legenden. Zugleich zeigen Namen wie »Teufelsloch«, dass die Erinnerung an die alten Kräfte noch nicht verloren ist. Vielleicht ein untrügliches Zeichen dafür, dass es dort immer noch nicht »mit rechten Dingen« zugehen mag …

 Immer weiter bergauf führt uns der Weg, bis wir nach einer Linkskurve auf eine Abzweigung treffen, an der wir unsere Wanderung auf dem steileren Weg nach links den Berg hinauf fortsetzen. Nun geht es in Serpentinen den Gipfel hinauf. Dieser Weg ist als Apostelweg mit 13 Stationen gestaltet, an denen Bronzereliefs den Pilgern geistliche Losungen ans Herz legen. Daneben sollten wir jedoch nicht versäumen, auch die zum Teil recht verwunschen wachsenden Baumgestalten zu betrachten. An manchen Stellen weisen die Bäume richtige Gesichter auf … Auf diese Weise vergeht der anstrengendste Teil der Wanderung wie im Flug und der Ausblick, mit dem wir am Ende belohnt werden, ist jede Mühe wert. Weit reicht der Blick ins Voralpenland und ganz unten schlängelt sich das smaragdgrüne Band des Inn durch das Tal. Oben angekommen werden wir von der weiß leuchtenden romanischen Petruskirche begrüßt, die zwischen uralten Linden steht. Sie weist einige Besonderheiten auf, die wir uns nun näher ansehen.

Sowohl die Kirche als auch der heutige Gasthof waren im Mittelalter Teil eines Benediktinerklosters. Wann genau dieses Kloster gegründet wurde, ist nicht bekannt, sicher ist nur, dass im 12. Jahrhundert der Graf von Falkenstein ein Kloster gestiftet hat. Doch schon zuvor haben Mönche diesen Berg besiedelt und eine Kirche errichtet, sehr wahrscheinlich schon in vorromanischer Zeit um das Jahr 1000 herum.

Ausgrabungen haben außerdem ergeben, dass die menschliche Besiedlung des Berges schon wesentlich früher einsetzte. Gefunden wurden Bruchstücke von Tongefäßen, die aus der Bronzezeit stammen, also etwa 4000 Jahre alt sind. Auch die Kelten haben sich hier aufgehalten, später die Römer. Die günstige Lage mit Blick über das Inntal mag vielleicht genutzt worden sein, um dort eine Befestigungsanlage zu errichten, und die Klosteranlage ist möglicherweise auf den Fundamenten einer Burg errichtet worden, die sich hier befand. Die Kirche könnte entsprechend die Burgkapelle gewesen sein. Ende des 13. Jahrhunderts wurde das Kloster schließlich bis auf die Kirche, die zum Ziel einer bis heute beliebten Wallfahrt wurde, zerstört.

Der ursprüngliche Name »Kleiner Madron« geht auf das althochdeutsche Wort »madal« zurück, was so viel wie »Versammlung« bedeutet. So nannten den Berg schon die heidnischen Bajuwaren, ein Hinweis, dass dieser Platz bereits vor der Ankunft der christlichen Missionare als Kultstätte, vielleicht sogar als Gerichtsplatz diente.

Als »(Großer) Madron« wird noch heute der Berg westlich vom Petersberg bezeichnet. Beide werden getrennt durch den sogenannten Hundsgraben, eine tiefe Schlucht. Möglicherweise war die Kuppel des anderen Madron der eigentliche Versammlungsplatz, so will es zumindest die Sage:

Als man auf dem Großen Madron eine Kirche errichten und dazu die Bergkuppe lichten wollte, um dem heidnischen Treiben endlich ein Ende zu bereiten, kam es immer wieder zu seltsamen Unfällen unter den Bauarbeitern. Der eine hieb sich mit der Axt in den Fuß, der andere in den Arm, bis schließlich die Holzspäne rot von Blut waren. Weil dies nicht mit rechten Dingen zugehen konnte, legte man die Werkzeuge nieder. Im selben Augenblick kamen Bergfalken herbeigeflogen, schnappten sich die blutigen Späne und legten sie auf dem Kleinen Madron gegenüber ab. Dies wiederholten sie mehrmals, als ob sie sagen wollten: Ihr baut an der falschen Stelle! Dies war ein Zeichen, das neue Gotteshaus nicht auf dem alten Heidenberg zu errichten, sondern auf dem kleineren Gipfel gegenüber. Also packten sie ihr Werkzeug zusammen, gingen hinüber auf den Kleinen Madron und begannen

dort ihr Werk von vorne, und diesmal konnten sie es ohne jeden Zwischenfall vollenden.

Dass eine Peterskirche auf einem Berg Platz findet, ist natürlich auch eine Anspielung auf den berühmten Ausspruch Christi: »Du bist Petrus und auf diesen Felsen will ich meine Kirche bauen.« Kaum ein Ort setzt diese Aussage so wundervoll in die Bildersprache der Natur um wie der Petersberg. Hoch über dem Eingang der Kirche ist das archaisch wirkende Relief des heiligen Petrus angebracht. Es zeigt den Kirchenpatron mit seinem typischen Symbol in der Hand, dem Schlüssel, während er die Rechte zum Segen erhebt. Er sitzt auf einem Thron und die Wellenlinien auf seinem Schoß könnten ein aufgeschlagenes Buch andeuten. Manche gehen davon aus, dass in heidnischen Zeiten der Gott Donar hier verehrt wurde. Überhaupt sollen alte Heiligtümer dieses obersten südgermanischen Gottes gerne mit Petruskirchen überbaut worden sein. Ein bekanntes Beispiel ist die berühmte Kulteiche des Donar bei Geismar, aus deren Holz der Missionar Bonifatius

eine Petruskapelle erbauen ließ. Donar war, wie der Name schon nahelegt, der Gott des Donners und mit dem nordischen Thor verwandt, ein ungestümer und wilder Gott, dessen wichtigstes Attribut der alles zerschmetternde Hammer Mjöllnir war. Vieles deutet darauf hin, dass die christlichen Missionare der Bevölkerung anstelle dieses Gottes den heiligen Petrus zur Verehrung vorgeschlagen haben, weil er unter allen Aposteln eher der Draufgänger war, der durch sein unbeherrschtes Verhalten auffiel. So wurde aus dem Hammer der Schlüssel – und rufen wir nicht heute noch Petrus für gutes Wetter an? Wenn bei Gewitter der Donner grollt, heißt es mancherorts noch heute, dass Petrus Kegel schiebt …

Das romanische Eingangsportal der Kirche überrascht mit seiner kraftvollen Symbolik. Die Kapitelle zeigen Weinranken mit Trauben, pickende Vögel und Kornähren. An der rechten mittleren Säule finden wir sogar Ranken, die zu einer Swastika geflochten sind, einem alten keltischen Symbol des Sonnenlaufes. Auch der Widder links und der Bär rechts unten erinnern an vorchristliche Symbole, es sind Zeichen der Kraft. Der Widder mit seinen spiralförmig gewundenen Hörnern erinnert an die sich erneuernde Kraft der Sonne und war in vielen Kulturen den Himmelsgöttern zugeordnet. So wird der Wagen des Donar von Widdern gezogen. Der Bär hingegen ist ein Mondtier und eher den dunklen, irdischen Kräften der Natur zugeordnet, weil er in den Wäldern zu Hause ist und Höhlen bewohnt. Auch er war dem Gott Donar heilig. So verbinden die beiden Seiten des Portals Himmel und Erde, Licht und Dunkelheit zu den Urkräften des Lebens und verdeutlichen, was für einen starken Kraftplatz wir hier gerade betreten.

Gehen wir nun in die Kirche hinein. Der Raum wirkt dunkel, der Eingang ist nur vom Flackern der zahlreichen Opferkerzen erhellt, die hier von Pilgern entzündet werden. Mit seiner nach unten drückenden Holzdecke wirkt der Raum fast so, als würden wir eine Höhle betreten. Ganz am Ende leuchtet uns das Abbild des heiligen Petrus entgegen. Es lohnt sich, hier eine Weile zu bleiben und für sich zu meditieren. Nehmen Sie Platz auf einer der Holzbänke und schließen Sie die Augen. Spüren Sie die Kraft, die hier vom Erdboden aufsteigt und Richtung Himmel strebt? Es ist eine eigenartige Mischung aus einem tiefen Gefühl der Verwurzelung in der Erde und der Öffnung aller Sinne nach oben, zum Himmel. Dazwischen bewegen wir uns als Menschen, durch unser Leben wird diese große Kraft gebündelt. Ein tiefes Gefühl von Ordnung kann uns hier zuteilwerden, denn wir werden uns unseres Platzes in der Welt zwischen oben und unten bewusst.

 Nach dem Genuss der herrlichen Aussicht machen wir uns wieder auf den Rückweg. Wir verfolgen dabei genau den gleichen Weg zurück, machen aber diesmal einen Halt bei der Burgruine Falkenstein. Der Turm ist heute ein privates Wohnhaus, doch die darunterliegenden Mauerreste sind frei zugänglich und können besichtigt werden.

Imposant erhebt sich der mächtige Vierkantturm der Burg Falkenstein über dem Inntal. Sie wurde im 13. Jahrhundert errichtet und ist umrankt von Sagen und Legenden. So soll eine der früheren

Bewohnerinnen der Burg aus unbekannten Gründen keine Ruhe in ihrem Grab finden. Oft wird sie des Abends als ganz in Schwarz gekleidete Frau gesichtet und es heißt, wenn man sich ihr nähere, würde sie mit einem Schlage wie vom Erdboden verschluckt sein. Auch ein schwarzes Geisterross wird hin und wieder in den Ruinen gesehen.

Auch um den Vorgänger der Burg, dessen spärliche und nur schwer zugängliche Mauerreste sich auf dem Felsen oberhalb der Rachelwand befinden (gleich beim Parkplatz unserer Tour), ranken sich unheimliche Geschichten. Archäologische Funde zeigen, dass diese Stelle bereits in der Bronzezeit besiedelt war. Die alte Burg Falkenstein wurde Ende des 13. Jahrhunderts zerstört. Dort oben soll es nach wie vor nicht ganz geheuer sein.

So wird berichtet, dass einst drei Mädchen dort Pilze suchen gingen und in den Abendstunden einer wunderschönen jungen Frau begegneten, ganz in altmodische Gewänder gekleidet und einen Schlüsselbund in den Händen haltend. Diese Frau wies die Mädchen an, am nächsten Tag zur gleichen Stunde wieder auf den Berg zu kommen. Dann sollten sie versuchen, ihr den Schlüssel abzunehmen. Wenn ihnen dies gelänge, würde sie reicher Lohn erwarten. Dann verschwand sie. Die Mädchen beschlossen, der Anweisung der Frau zu folgen, und kehrten am nächsten Tag zur gleichen Stunde an dieselbe Stelle zurück. Doch anstelle der schönen Frau erschien ein grässlicher Riesenpudel mit rot glühenden Augen. In seinem zähnefletschenden Maul trug er einen Schlüssel. Doch keines der Mädchen wagte es, dem Untier den Schlüssel zu entwenden. Schreiend vor Angst rannten sie den Berg hinab und nach Hause und betraten nie wieder diese verwunschene Stelle. Es heißt auch, im Inneren des Rachelberges befände sich ein unterirdischer See. Früher hatten die Leute große Angst, dass er eines Tages auslaufen und das ganze Land unter seinen Fluten begraben könne.

Eine andere Legende erzählt von drei verfluchten Frauen, die in der Gegend umgehen, eine der drei Frauen ist halb schwarz, halb weiß. Bei Mondschein sah man sie des Öfteren ihre Wä-

sche waschen. Erinnert diese Geschichte daran, dass der Petersberg mit der ihm vorgelagerten Rachelanhöhe ein alter Kultort
für eine dreifaltige vorzeitliche Muttergöttin war? Unter diesem
Gesichtspunkt bekommt der Name »Madron« noch eine andere
Dimension. Was, wenn sich dahinter nicht einfach nur ein Wort
für »Versammlungsort« verbirgt, sondern der Begriff auf die in-
dogermanische Wortwurzel »mater« für »Mutter« zurückgeht?

 Mit diesen Gedanken verlassen wir die Burgruine Falkenstein und kehren zu unserem Ausgangspunkt zurück.

■ ANFAHRT MIT DEM AUTO

Auf der A 8 kommend, biegen Sie am Autobahn-Dreieck Inntal auf die
A 93 Richtung Kiefersfelden/Kufstein/Innsbruck ab. An der Ausfahrt
»Brannenburg/Flintsbach« verlassen Sie die Autobahn und fahren links
Richtung Brannenburg. In Brannenburg an der Ampel wieder links Richtung Oberaudorf/Kiefersfelden. Durch den Ort Flintsbach der Kufstei-
ner Straße folgen, bis rechts der Astenweg abzweigt, dann weiter auf
dem Petersbergweg bis zum großen Parkplatz.

■ ANFAHRT MIT ÖFFENTLICHEN VERKEHRSMITTELN

Der Bahnhof Flintsbach wird von Rosenheim bzw. Kiefersfelden aus
angefahren. Vom Bahnhof aus der gewundenen Innstraße bis zur Kuf-
steiner Straße (Hauptstraße) folgen, dort links ortsauswärts gehen und
bald wieder rechts in den Astenweg. Weiter geht es wie mit dem Auto.

■ EINKEHRMÖGLICHKEIT

Das Berggasthaus Petersberg auf dem Gipfel des Petersbergs lädt bei
herrlichem Panoramablick zu einer Pause ein.

13

Mystischer Untersberg

»Der Untersberg ist das Herzchakra Europas«, soll der Dalai Lama einmal gesagt haben. Wie auch immer man es aus- drücken möchte: Von diesem Berg geht eine Magie aus wie von keinem zweiten in den Alpen. Dabei besticht er nicht durch seine Höhe. Mit 1973 Metern gehört er nicht zu den Riesen unter den Bergen rund um Berchtesgaden. Was ihn so einzigartig macht, ist seine mystische Kraft. Und der kann sich keiner so leicht entziehen, der einmal begonnen hat, seine Wege zu beschreiten …

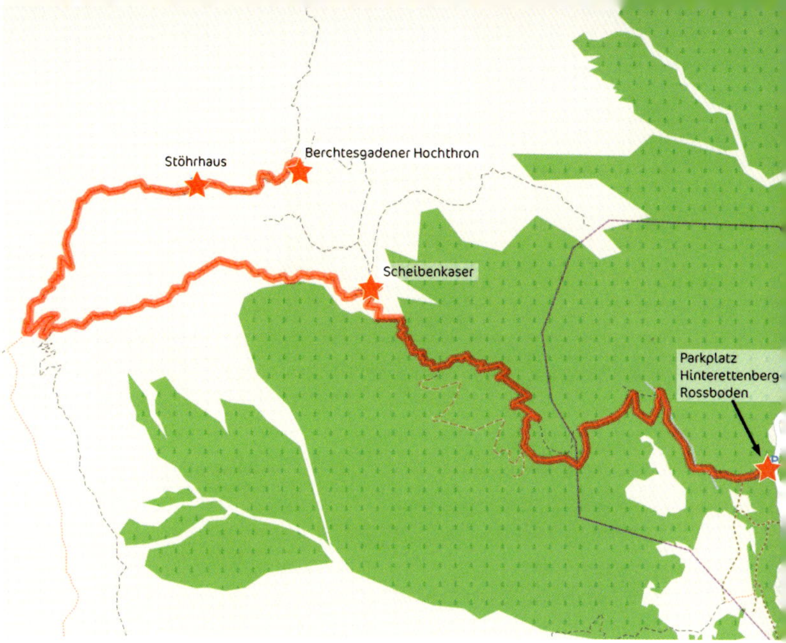

LÄNGE:	ca. 18 Kilometer
DAUER:	6 Stunden (reine Gehzeit)
SCHWIERIGKEIT:	anstrengend; Kondition, gutes Schuhwerk und Trittsicherheit erforderlich

WEGBESCHREIBUNG

Unser Ausgangspunkt ist der Wanderparkplatz Hinterettenberg-Rossboden am Fuße des Untersberges. Zunächst geht es mäßig bergauf durch schattigen Bergwald. Wir folgen dabei der Ausschilderung zum Stöhrhaus und dem Berchtesgadener Hochthron, dem Ziel der Wanderung. Der Weg führt an einer Quelle vorbei, die ihr frisches Trinkwasser in einen großen Trog aus Holz ergießt – eine willkommene Erfrischung, gerade an heißen Tagen, und die erste Gelegenheit, kurz innezuhalten, um eine der zahlreichen Untersbergsagen auf sich wirken zu lassen …

Einst ging ein Hirte den Untersberg hinab und weil es heiß war, legte er sich an einer Quelle nieder und schlief ein. Als er wieder erwachte, griff er nach seinem Hirtenstab, der in die Quelle gefallen war. Doch wie überrascht war er, als er feststellte, dass der alte eisenbeschlagene Stab jetzt aus purem Gold war und nur so glitzerte und funkelte! Voller Freude kehrte der Hirte in sein Dorf zurück, zeigte stolz seinen neuen Hirtenstab herum und erzählte, wie es dazu gekommen war. Da rafften die Dorfbewohner an Eisen zusammen, was sie nur zu fassen bekamen, trugen es in den Wald und warfen es in die Wunderquelle. Doch nichts geschah – die Verwandlung in Gold blieb aus. Beschämt ob ihrer Habgier zogen sie wieder von dannen.

Hinter der wundersamen Vergoldung des Hirtenstabes konnte nur das geheimnisvolle Volk der Untersberger stecken, graue Berggeister von zwergenhafter Gestalt. Nicht selten erweisen sie sich dem Menschen als gütig und unterstützen ihn. Doch wenn sie merken, dass man sie ausnützen oder sich ihres Reichtums bemächtigen will, dann schlägt ihre Freundlichkeit ziemlich schnell in Feindseligkeit um. Zwerge gelten als die ersten Bewohner der Erde, uralt und aus den Steinen der Berge erschaffen. Sie tragen breitkrempige Hüte und grobe Kleidung aus aschgrauen Stoffen und hausen in den Klüften und Höhlen der Berge, wo sie über unermessliche Schätze wachen und Bergbau betreiben, um ihren Reichtum zu mehren. Manchmal mischen sie sich unter die Menschen, in seltenen Fällen laden sie einzelne sogar in ihr unterirdisches Reich ein und beschenken sie. Häufiger aber werden sie als unberechenbar und sogar bösartig beschrieben.

 Von der sagenumwobenen Quelle ziehen wir weiter den Berg hinauf. Ein Blick auf die Berggipfel, die zwischen den Bäumen emporragen, lässt erahnen, worauf wir uns freuen können, sobald wir den Wald verlassen haben: ein atemberaubendes Panorama der wunderbaren Bergwelt des Berchtesgadener Landes. Zunächst aber erreichen wir eine Almwiese, wie sie nicht schöner sein könnte, darüber leuchtet weiß die mächtige, steil abfallende Südwand des Untersberges. In Serpentinen legen wir weitere Höhenmeter zurück, bis wir schließlich zur Hütte am Scheibenkaser gelangen. Dort können wir zum ersten Mal in Ruhe den Reigen der Berggipfel über dem Talkessel von Berchtesgaden genießen – und vielleicht eine kleine Brotzeit einlegen.

Der Name des Untersberges gibt Rätsel auf. Hat er etwas mit den Unterirdischen zu tun, den »Unteren«, den geheimnisvollen Bewohnern des Berges? Eine offizielle Erklärung bezieht sich auf eine Urkunde aus dem 14. Jahrhundert, in der vom »Vndarnsperch« die Rede ist. »Untarn« oder »untern« ist im Bairischen ein anderer Ausdruck für »Mittag«. Nun steht die Sonne von Salzburg aus gesehen mittags über dem Untersberg, der damit in die Reihe der sogenannten »Mittagsberge« gehört: Der Untersberg wäre demnach einfach eine große Sonnenuhr, der den Menschen im Tal anzeigte, wann es Zeit für die Mittagspause war.

Doch so einfach wollen wir es uns nicht machen, gibt es doch im Untersbergplateau eine typische Einkerbung, die vom Tal aus in Ettenberg besonders gut sichtbar ist und die »Mittagsscharte« oder das »Mittagsloch« genannt wird. Sie markiert die Grenze zwischen dem deutschen Teil des Berges und dem österreichischen, ist zudem aber für seltsame Begebenheiten bekannt. Tatsächlich befindet sich in dieser Scharte eine Höhle, die den Namen »Steinerner Kaser« trägt. Am 15. August, an Mariä Himmelfahrt, und am 21. Juni, zur Sommersonnenwende, kann in dieser Höhle ein Lichtschauspiel beobachtet werden: Durch eine Öffnung in der Höhlenwand fällt genau zur Mittagszeit ein Lichtstrahl und bringt das Innere zum Leuchten.

Überhaupt ist der gesamte Berg von Höhlensystemen durchzogen, regelrecht durchlöchert wie ein Schweizer Käse. Immer wieder verschwinden Menschen auf dem Untersberg. Während es naheliegt, dass unvorsichtige Wanderer in den Höhlen verloren gehen, nährt dieses Verschwinden die Fantasie derjenigen, die auf dem Untersberg magische Zeittore sehen wollen: An manchen Stellen, so heißt es, zeige die Uhr an, dass nur wenige Minuten vergangen seien, in Wirklichkeit aber seien es Stunden, Tage, sogar Wochen. Fest steht, dass immer wieder von merkwürdigen Zeitverlusten die Rede ist:

Einst zog ein reiches Bauernpaar mit einem kleinen Gefolge auf dem Weg zu ihrer Hochzeit am Untersberg vorbei. Einer der Mitreisenden erzählte dabei, dass hier manchmal Geister erscheinen würden, welche Wanderer des Öfteren beschenkten. Da rief der Bräutigam den Geist und bat ihn um ein Geschenk. Auf einmal öffnete sich der Berg: Ein grau gekleidetes Männchen mit silbrigem Haar erschien und lud sie in das Innere des Berges ein. Sie kamen in einen herrlichen Speisesaal, wo sie an einer Tafel Platz nahmen, die sich vor Speis und Trank nur so bog. Die Gesellschaft ließ es sich erst einmal schmecken. Dann schlummerten sie am Tische sitzend ein. Als sie erwachten, führte der Berggeist sie wieder an die Erdoberfläche. Doch die ganze Gegend erschien ihnen auf einmal fremd. Menschen, denen sie begegneten, verstanden ihre Sprache nicht und die Häuser, in denen sie zu Hause waren, standen nicht mehr. Da begaben sie sich zu einem Pfarrer und erzählten ihm, was sich zugetragen hatte. Dieser schlug in alten Büchern nach und wirklich: 500 Jahre zuvor war ein junges Brautpaar samt Hochzeitsgesellschaft spurlos verschwunden.

 Nun geht es quer zu den Steilhängen weiter, wobei wir der Beschilderung nach links zum Stöhrhaus folgen, das sich direkt über uns unterhalb des Berchtesgadener Hochthrons befindet. Der sogenannte Rosslandersteig führt uns aber erst einmal hinauf und dann fast waagrecht unter der Südwand des Untersberges nach Westen. Rechts von uns erhebt sich die Wand mit ihren zahlreichen Furchen und Aushöhlungen, links geht es zum Teil steil hinab mit fantastischen Ausblicken auf den Watzmann und andere Gipfel. Hier lohnt es sich, immer wieder innezuhalten und einen Blick nach oben auf die Felsen der Steilwände zu werfen, die sich majestätisch in den Himmel recken. Bei entsprechender Beleuchtung erscheinen die Felsspitzen wie Riesen, die über das Berchtesgadener Land wachen.

Nicht nur Zwerge, sondern auch Riesen leben angeblich auf dem Untersberg. Der mächtigste unter ihnen war der Riese Abfalter, der auf dem Rücken des Berges sein Lager hatte. Dieser Furcht einflößende, aber harmlose Berggeist hatte oft Langeweile und warf dann Felsbrocken ins Tal, manche davon so groß, dass daraus Hügel entstanden, auf denen heute ganze Ortschaften zu finden sind.

Während Zwerge über die Kräfte des Erdinneren herrschen, verkörpern Riesen die rohen Naturgewalten, denen sich die Menschen in den alpenländischen Gegenden immer wieder ausgesetzt sahen. Steinschlag, Lawinen, Erdbeben, Sturmwinde, die Schneisen in die Wälder schlagen, Blitz und Donner – in den wilden Kräften der Natur sahen die Menschen übernatürliche Wesen walten, die in ihrem Ungestüm zerstörerisch sein konnten, auch wenn sie den Menschen gegenüber nicht unbedingt feindselig eingestellt waren.

 Schließlich erreichen wir den Stöhrweg, der uns nach rechts weiter hinauf auf den Berg bis zum Gatterl führt. Dort lohnt sich eine weitere Rast, bevor wir den Serpentinenweg zur Hütte hinauf in Angriff nehmen. Am Rand einer herrlichen Almwiese haben wir einen unvergleichlichen Panoramablick auf die westlich gelegenen Bergspitzen des Lattengebirges.

Ein weiteres mystisches Volk, das den Untersberg der Sage nach bevölkert, ist das der wilden Frauen. Nur sehr selten kommen Sterbliche dazu, sie zu sehen, elfenhafte Wesen von überirdischer Anmut, die in den Hügeln und Bergen leben. Gerne erscheinen sie Hirtenknaben, denen sie ihre Gunst erweisen. Aber wehe dem, der sie verspottet – ihr Zorn ist gefährlich. Sie waschen ihr goldenes Haar gerne in den Quellen des Berges, lassen es in der Sonne trocknen und bürsten es dann, bis die Funken fliegen. In silbrigen Gewändern tanzen sie auf den Almwiesen und stimmen dabei einen unwiderstehlichen Sirenengesang an, der insbesondere junge Menschen unwiderstehlich anzieht. Manchmal entführen sie Kinder, um ihnen ein besseres Leben unter ihresgleichen zu gewähren. Aber auch so mancher Erwachsene hat sich schon unsterblich in diese schönen Wesen verliebt.

 Weiter geht es Richtung Osten über das sogenannte »Leiterl«, ein von gedrungenen Latschen gesäumter Serpentinenweg, der uns auf die Hochfläche des Untersberges führt. Endlich erreichen wir das Stöhrhaus. Nun haben wir die

Wahl: Entweder wir legen gleich eine längere Rast ein und genießen bei einer Brettljause den grandiosen Ausblick von der Terrasse der Hütte; oder wir wandern weitere 20 Minuten hinauf auf den höchsten Punkt des Berges, den Berchtesgadener Hochthron. Diesen erreichen wir über einen wunderschönen Pfad, auf dem an einigen Stellen Trittsicherheit erforderlich ist. Dann aber steht man am Gipfelkreuz mit seinem sagenhaften Rundumblick: Im Südosten leuchtet hoheitlich der Gletscher des Hohen Dachsteins (2995 Meter) im Salzkammergut, vor dem sich der Hallstätter See und damit das älteste keltische Siedlungsgebiet erstreckt; im Süden und zum Greifen nahe der Hohe Göll (2522 Meter), rechts daneben der Watzmann mit seinen markanten Spitzen (höchster Gipfel: 2713 Meter), ihm zu Füßen ist der geheimnisvolle Königssee zu erkennen; gleich daneben das Massiv des Hochkaltergebirges (2608 Meter); im Norden blicken wir bis nach Salzburg. Angesichts dieser Gipfelprominenz kann es einem schon den Atem verschlagen.

Nicht nur der Untersberg ist überreich an Sagen, auch sein ungleich höherer Nachbar, der mächtige Watzmann, ist von zahlreichen Mythen umrankt, allen voran die Geschichte vom grausamen König Watzmann:
Es herrschte einst ein schrecklicher König über das Berchtesgadener Land, der König Watzmann. Er liebte es, in wilder Jagd mit seinem Gefolge durch die Wälder zu hetzen, wobei weder Mensch noch Tier von seiner blinden Zerstörungswut verschont blieben. Einmal überfiel er Bauersleute mit ihren Kindern und ließ sie von seinen Hunden zerfetzen. Sterbend erhob sich die Mutter ein letztes Mal und stieß einen Fluch über den König samt seiner Frau und seinen sieben Kindern aus: Gott solle sie zur Strafe in Felsen verwandeln. Da türmte sich ein gewaltiges Unwetter auf, die Erde bebte und spuckte Feuer, als ob das Ende der Welt gekommen sei – und der grausame König wurde samt seiner Familie zu einem Berg.
Wenn wir schon von Königen sprechen, dann wird es auch Zeit, die zentrale Sage des Untersberges zu erzählen. Kein Geringerer

als Kaiser Karl der Große soll im Innern des Untersberges in einer gewaltigen Halle schlummern, mitsamt seinem Hofstaat. Es heißt, wenn sein langer Bart dreimal um den Tisch, an dem er sitzt, gewachsen ist, ist die Zeit gekommen und er wird mit seinem ganzen Heer ausrücken, um die letzte Schlacht zu schlagen – manche sagen auf dem Walserfeld bei Salzburg –, gegen den Antichristen höchstpersönlich. Er wird gewinnen und sein Wappenschild an einen Birnbaum hängen, der auf dem Feld wächst und den man schon oft gefällt hat, der aber immer wieder aufs Neue gesprossen ist. Schon zweimal soll der Bart um den Tisch gewachsen sein. Es heißt, dass der Kaiser alle 100 Jahre erwacht und einen Knecht an die Oberfläche schickt, um nachzusehen, ob die Raben noch um den Berg kreisen. Denn erst wenn die Raben den Berg verlassen, ist das Ende der Welt gekommen und der Kaiser kann hinaus. Noch kreisen die Raben allerdings …

Die sagenhafte Bergentrückung eines Herrschers, der am Ende der Zeiten, »wenn die Not am größten ist«, wiederkehrt, um das Land zu retten, ist auch in anderen Gegenden Thema, allen voran im Kyffhäuser am Südrand des Harzgebirges. Hier wird nicht nur Karl der Große zum Hoffnungsträger, sondern auch andere berühmte Herrscher wie Friedrich Barbarossa oder sein Enkel Friedrich II. Diese Sage ist vielleicht verwandt mit dem keltischen Mythos von König Artus, der nicht gestorben ist, sondern in der Anderswelt entrückt ist, auf der von Nebeln verborgenen Insel Avalon. Der Ursprung der keltischen Kultur ist nicht weit vom Untersberg, in der Nähe von Hallstatt zu finden. Möglich, dass das Bild vom Kaiser im Berg auf diese Mythologie zurückzuführen ist.

Wer den Untersberg, den wohl mystischsten Berg Bayerns, besucht, wird jedenfalls verstehen, warum eine andere Deutung seines Namens »Wunderberg« lautet. Schon immer scheint dieser Berg die Menschen fasziniert zu haben, war Kultstätte und mythologischer Mittelpunkt der Bewohner dieses Landes. Ein heiliger Berg also.

 Wir verlassen den Berchtesgadener Hochthron und treten den Rückweg an, wieder am Stöhrhaus vorbei und das Leiterl und den Stöhrweg hinunter. Wer will, kann den Abstieg über den Weg nach Maria Gern vornehmen, um von dort aus zurück zum Parkplatz Hinterettenberg-Rossboden zu gelangen – ein schöner Umweg, der zwei Stunden zusätzlich in Anspruch nimmt. Auf demselben Weg zurückzugehen hat jedoch auch seinen Reiz, denn gerade in den Nachmittagsstunden leuchtet die Südwand des Untersberges besonders schön im Licht des sich senkenden Tages. Wir wandern auf dem Rosslandersteig zurück zur Scheibenkaser-Alm. Versäumen Sie auf keinen Fall, noch einen Blick auf die hoch aufragenden Felsen zu Ihrer Linken zu werfen: Sieht nicht eine der Felsspitzen wie das Gesicht von Kaiser Karl aus? Und wenn Sie Glück haben, dann sehen und hören Sie die Raben um die Felsen kreisen …

■ ANFAHRT MIT DEM AUTO

Sie erreichen den Ausgangspunkt der Wanderung, den Wanderpark-platz Hinterettenberg-Rossboden, am schnellsten von Salzburg Süd aus über die B 160 nach Deutschland, die dann zur B 305 Richtung Berch-tesgaden wird. In der Ortsmitte von Marktschellenberg zweigt rechts die steile Straße nach Ettenberg ab, auf der nach ca. fünf Kilometern der Wanderparkplatz erreicht wird. Wer den Weg über Österreich – und die mautpflichtige Autobahn – vermeiden möchte, fährt von der A 8 in Bad Reichenhall ab und umrundet den Untersberg gewissermaßen von Westen her über Berchtesgaden bis Marktschellenberg.

■ ANFAHRT MIT ÖFFENTLICHEN VERKEHRSMITTELN

Mit der Bahn nach Berchtesgaden oder Salzburg und von dort jeweils mit dem Bus nach Marktschellenberg. Mit einem Taxi können Sie sich zum Ausgangspunkt bringen lassen.

■ EINKEHRMÖGLICHKEIT

Das Stöhrhaus ist von Mitte Mai bis Mitte Oktober bewirtschaftet. Dort erhält man Erfrischungsgetränke und warme Mahlzeiten wie Kaiser-schmarrn und Würstelsuppe.

■ TIPP

Zwar ist unsere Wanderung als Tagesausflug konzipiert, doch wer sich mehr Zeit für das wundervolle Berchtesgadener Land nehmen möchte, findet hier viele eindrückliche Kraftorte und -plätze. Empfehlenswert ist ein Besuch des geheimnisvollen Königssees, der aus dem Blut vom König Watzmann entstanden sein soll. Auf einem schmalen Landstrei-fen direkt unter dem Berg, nur über das Gebirge oder über den See zu erreichen, befindet sich die Wallfahrtskirche St. Bartholomä, errichtet auf einem sicher sehr alten Kultplatz aus heidnischer Zeit. Auch hier sollen die Untersberger Männlein, die die Gegend mit unterirdischen Stollen durchzogen haben, immer wieder gesichtet worden sein. Die Fahrt über den unergründlich tiefen See ist ein Traum!